Curso

SE05

*La diferencia entre aprobar
y sacar plaza*

Técnico/a Auxiliar de Farmacia

AF212135

SERVICIO CANARIO DE SALUD

Si aún no dispones de tu **Curso MAD360**, te ofrecemos un acceso GRATIS de 30 días para que disfrutes de los siguientes recursos:

- Técnicas de Memoria 360.
- MADTEST: Test *online* Nivel PRO.
- Temario en formato digital.
- Planificación de estudio.
- Foro entre opositores hasta la fecha del examen.*
- Recursos y novedades exclusivas.
- Consúltanos sobre tu oposición y proceso selectivo.
- Actualizaciones legislativas (Boletines Oficiales) hasta 60 días antes de la fecha del examen.*

Para acceder a esta prueba del Curso MAD360** será necesaria la compra de todos los libros para esta especialidad de la edición 2025.

Regístrate en **mad.es/iniciar-sesion** y en la pestaña MIS CURSOS valida los códigos que encuentras en la última página de tus libros.

NOTA IMPORTANTE:

* Examen de esta categoría profesional correspondiente a la convocatoria publicada en el BOC n.º 116, de 13 de junio de 2025, o hasta el 30 de noviembre de 2026, lo que se cumpla antes, y previa renovación del servicio.

** El acceso al CURSO MAD360 estará disponible desde noviembre de 2025 (algunos recursos podrían estar disponibles en fecha posterior). Tendrá una duración de 30 días RENOVABLES mediante pago, desde la validación de códigos, o hasta el 31 de mayo de 2027, lo que se cumpla antes.

MAD se reserva el derecho a ampliar dichas fechas.

Técnico/a Auxiliar de Farmacia del Servicio Canario de Salud

Noviembre 2025

Técnico/a Auxiliar de Farmacia del Servicio Canario de Salud

Test del temario

LIDIA PONCE MARTÍNEZ
Licenciada en Psicología

M.ª JOSÉ GARCÍA BERMEJO
Licenciada en Biología
Técnico Superior en Laboratorio de Diagnóstico Clínico

CARMEN ROSA JUNQUERA VELASCO
Diplomada Universitaria en Enfermería

© 7 Editores Recursos para la Cualificación Profesional y el Empleo, S.L. (7 Editores)
© Los autores
Primera edición, noviembre 2025 (152 páginas)
Derechos de edición reservados a favor de 7 Editores
IMPRESO EN ESPAÑA
Diseño Portada: 7 Editores
Edita: 7 Editores
Avda. San Francisco Javier, 9 · Edificio Sevilla 2 · Planta 11 · Módulos 25-27 · 41018 Sevilla
Teléfono: 954 784 411 · WEB: www.mad.es · e-mail: administracion@7editores.com
ISBN: 978-84-142-9827-5
© "Editorial Mad" y "Eduforma" son nombres comerciales registrados de
7 Editores Recursos para la Cualificación Profesional y el Empleo, S.L.

Índice

Ley 31/1995, de 8 de noviembre de Prevención de Riesgos Laborales: Derechos y obligaciones

1. Los representantes de los trabajadores con competencia en materia de prevención de riesgos laborales son:

a) Los miembros de la Junta de personal, Junta Facultativo y Junta de Enfermería.
b) Los técnicos de prevención de riesgos laborales.
c) El Servicio de Medicina Preventiva.
d) Los delegados de prevención.

2. ¿Qué se entiende por "riesgo laboral"?

a) La posibilidad de que un trabajador sufra un determinado daño derivado del trabajo.
b) La posibilidad de que un trabajador sufra una enfermedad en el trabajo.
c) La posibilidad de que un trabajador sufra acoso.
d) El riesgo que supone el ir a trabajar.

3. Indica cuál es la definición de prevención:

a) La probabilidad racional de que un riesgo se materialice de forma inminente.
b) El estudio de los procesos potencialmente peligrosos para el trabajo.
c) Conjunto de actividades o medidas adoptadas o previstas en todas las fases de actividad de la empresa con el fin de evitar o disminuir los riesgos derivados del trabajo.
d) Posibilidad de que un trabajador sufra un determinado daño derivado del trabajo.

4. Según recoge el artículo 4 de la Ley 31/1995, quedan específicamente incluidas en la definición de condición de trabajo:

a) Las características particulares de los locales, instalaciones, equipos, productos y demás útiles existentes en el centro de trabajo.
b) La naturaleza de los agentes físicos, químicos y biológicos presentes en el ambiente de trabajo y sus correspondientes intensidades, concentraciones o niveles de presencia.

c) Los procedimientos para la utilización de los agentes citados anteriormente que no influyan en la generación de los riesgos mencionados.

d) Todas aquellas otras características del trabajo, excluidas las relativas a su organización y ordenación, que influyan en la magnitud de los riesgos a que esté expuesto el trabajador.

5. ¿Cuál es la vigente Ley de Prevención de Riesgos Laborales?

a) Ley 32/1995, de 8 de noviembre.
b) Ley 30/1996, de 8 de noviembre.
c) Ley 31/1995, de 6 de noviembre.
d) Ley 31/1995, de 8 de noviembre.

6. Entre los principios de la acción preventiva recogidos por el artículo 15 de la Ley de Prevención de Riesgos Laborales, no figura:

a) Evitar los riesgos.
b) Evaluar los riesgos que se puedan evitar.
c) Tener en cuenta la evolución de la técnica.
d) Dar las debidas instrucciones a los trabajadores.

7. En las empresas de hasta 30 trabajadores el Delegado de Prevención será:

a) El propio empresario.
b) El trabajador más antiguo.
c) El trabajador de mayor cualificación.
d) El delegado de personal.

8. Según la Ley de Prevención de Riesgos Laborales, se constituirá un Comité de Seguridad y Salud en todas las empresas o centros de trabajo que cuenten con:

a) 30 o más trabajadores.
b) 50 o más trabajadores.
c) 75 o más trabajadores.
d) 100 o más trabajadores.

9. La evaluación de los riesgos laborales es:

a) Es un proceso técnico en la organización del trabajo.
b) Un proceso dirigido a estimar la magnitud de los riesgos que no hayan podido evitarse.
c) Es un procedimiento estático.
d) Es una práctica para el control y la protección de los trabajadores.

10. En los casos de concurrencia de trabajadores de varias empresas en un centro de trabajo cuando existe un empresario principal, uno de los deberes de vigilancia por parte de este, consistirá en:

a) Impulsar la regulación de esquemas organizativos, que eviten los accidentes de trabajo.

b) Comprobar que las empresas contratistas y subcontratistas concurrentes en su centro de trabajo han establecido los necesarios medios de coordinación entre ellas.

c) Asegurar la correcta utilización por parte de los trabajadores de las empresas concurrentes de los correspondientes dispositivos de seguridad disponibles.

d) Asegurarse de que los trabajadores concurrentes disponen de la formación preventiva correspondiente.

11. Cuando los trabajadores estén expuestos a un riesgo grave e inminente con ocasión de su trabajo, y el empresario no adopte o no permita la adopción de las medidas necesarias para garantizar la seguridad y la salud de los trabajadores, la Ley 31/1995, de 8 de noviembre, de Prevención de Riesgos Laborales prevé:

a) Los trabajadores afectados podrán paralizar la actividad.

b) El órgano de representación del personal instará formalmente al empresario a la adopción de las medidas necesarias.

c) Los Delegados de Prevención lo comunicarán a la autoridad laboral, que adoptará las medidas necesarias.

d) El órgano de representación de personal podrá acordar la paralización de la actividad.

12. Según establece el art. 4 de la Ley 31/1995, de 8 de noviembre, de Prevención de Riesgos Laborales, se define como daños derivados del trabajo:

a) La posibilidad de que un trabajador sufra un determinado daño derivado del trabajo.

b) El que resulte probable racionalmente que se materialice en un futuro inmediato y pueda suponer y pueda suponer un daño grave para la salud de los trabajadores.

c) Las enfermedades, patologías o lesiones sufridas con motivo u ocasión del trabajo.

d) Cualquier máquina, aparato, instrumento o instalación utilizada en el trabajo.

13. El art. 23 de la LPRL establece la documentación que el empresario debe elaborar y conservar a disposición de la autoridad laboral. De las siguientes no está incluido:

a) El Plan de prevención de riesgos laborales.

b) Evaluación de los riesgos para la seguridad y la salud en el trabajo.

c) La planificación de la actividad laboral.

d) La relación de accidentes de trabajo y enfermedades profesionales que hayan causado al trabajador una incapacidad laboral superior a un día de trabajo.

14. El art. 29 de la LPRL establece las obligaciones de los trabajadores en materia de prevención de riesgos. De las siguientes no se considera una obligación del trabajador:

a) Utilizar correctamente los medios y equipos de protección facilitados por el empresario, de acuerdo con las instrucciones recibidas de este.

b) Usar adecuadamente, de acuerdo con su naturaleza y los riesgos previsibles, las máquinas, aparatos, herramientas, sustancias peligrosas, equipos de transporte y, en general, cualesquiera otros medios con los que desarrollen su actividad.

c) Informar de inmediato a su superior jerárquico directo, y a los trabajadores designados para realizar las actualizaciones que consideren oportunas en el equipo de protección individual.

d) No poner fuera de funcionamiento y utilizar correctamente los dispositivos de seguridad existentes o que se instalen en los medios relacionados con su actividad o en los lugares de trabajo en los que esta tenga lugar.

15. Podrán realizar el plan de prevención de riesgos laborales, la evaluación de riesgos y la planificación de la actividad preventiva de forma simplificada, en atención a la naturaleza y peligrosidad de las actividades realizadas, empresas cuyo número de trabajadores no exceda de:

a) 30.
b) 50.
c) 80.
d) 100.

16. Los instrumentos esenciales para la gestión y aplicación del Plan de prevención de riesgos laborales son:

a) La evaluación de riesgos y la planificación de la actividad preventiva.
b) La evaluación inicial de riesgos y la formación.
c) La planificación y la gestión de la actividad preventiva.
d) La identificación y la evaluación de los riesgos.

17. El posible cambio de puesto de trabajo con riesgo para una trabajadora embarazada:

a) Deberá realizarse en caso de imposibilidad de adaptación del propio puesto.

b) Se hará previo informe en tal sentido del Servicio de Prevención.

c) Se determinará por el empresario, y dará información a los representantes de los trabajadores.

d) Se extenderá al período de lactancia.

18. La prevención de riesgos laborales deberá integrarse en el sistema general de gestión de la empresa a través de:

a) La política preventiva.
b) El plan de prevención.
c) El consenso de las partes.
d) El poder de decisión del empresario.

19. El objeto y carácter de la norma de la Ley 31/95 de Prevención de Riesgos Laborales dice:

a) La presente Ley tiene por objeto promover la salud de los trabajadores mediante la aplicación de medidas y el desarrollo de las actividades necesarias para la prevención de riesgos derivados del trabajo.
b) La presente Ley tiene por objeto promover la seguridad y la salud de los trabajadores mediante la aplicación de medidas y el desarrollo de las actividades necesarias para la prevención de riesgos derivados del trabajo.
c) La presente Ley tiene por objeto promover la seguridad de los trabajadores mediante la aplicación de medidas y el desarrollo de las actividades necesarias para la prevención de riesgos derivados del trabajo.
d) La presente Ley tiene por objeto promover la seguridad, la salud de los trabajadores y la negociación entre empresa y delegados de prevención, mediante la aplicación de medidas y el desarrollo de las actividades necesarias para la prevención de riesgos derivados del trabajo.

20. ¿Cuándo se deben utilizar los equipos de protección individual?:

a) Siempre.
b) Cuando los riesgos no hayan sido evaluados.
c) Cuando los riesgos no se puedan evitar o no puedan limitarse.
d) Cuando el trabajador lo estime oportuno.

En MADTEST tienes **más preguntas de este tema**, y todos tus avances quedan registrados y se reflejan en el ranking.

¡Supera tus límites con MADTEST!

Solución al test n.º 1

1. d) Los delegados de prevención.

2. a) La posibilidad de que un trabajador sufra un determinado daño derivado del trabajo.

3. c) Conjunto de actividades o medidas adoptadas o previstas en todas las fases de actividad de la empresa con el fin de evitar o disminuir los riesgos derivados del trabajo.

4. b) La naturaleza de los agentes físicos, químicos y biológicos presentes en el ambiente de trabajo y sus correspondientes intensidades, concentraciones o niveles de presencia.

5. d) Ley 31/1995, de 8 de noviembre.

6. b) Evaluar los riesgos que se puedan evitar.

7. d) El delegado de personal.

8. b) 50 o más trabajadores.

9. b) Un proceso dirigido a estimar la magnitud de los riesgos que no hayan podido evitarse.

10. b) Comprobar que las empresas contratistas y subcontratistas concurrentes en su centro de trabajo han establecido los necesarios medios de coordinación entre ellas.

11. d) El órgano de representación de personal podrá acordar la paralización de la actividad.

12. c) Las enfermedades, patologías o lesiones sufridas con motivo u ocasión del trabajo.

13. c) La planificación de la actividad laboral.

14. c) Informar de inmediato a su superior jerárquico directo, y a los trabajadores designados para realizar las actualizaciones que consideren oportunas en el equipo de protección individual.

15. b) 50.

16. a) La evaluación de riesgos y la planificación de la actividad preventiva.

17. a) Deberá realizarse en caso de imposibilidad de adaptación del propio puesto.

18. b) El plan de prevención.

19. b) La presente Ley tiene por objeto promover la seguridad y la salud de los trabajadores mediante la aplicación de medidas y el desarrollo de las actividades necesarias para la prevención de riesgos derivados del trabajo.

20. c) Cuando los riesgos no se puedan evitar o no puedan limitarse.

TEST N.º 2

Educación para la salud: concepto de salud y enfermedad. Indicadores de salud. Prevención de la enfermedad. Programas de prevención de la salud: conceptos, objetivos generales, planificación de las etapas del programa. Estrategias y tecnología educativa. Promoción de la salud

1. ¿Quién definió la salud como "el estado óptimo de un individuo que le permite llevar a cabo sus funciones de forma eficaz"?

a) Dubos.
b) Murray.
c) Zentner.
d) Parsons.

2. Cuando, a lo largo de la historia, se ha considerado que la salud está influenciada por las condiciones del medio en que se habita, ¿de qué concepción hablamos?

a) Mágico-religiosa.
b) Miasmática.
c) Bacteriológica.
d) Multicausal y ecológica.

3. ¿Quién formuló la definición "La salud es una aptitud óptima para la vida llena, fructífera y creativa"?

a) La OMS.
b) Perpiñan.
c) Hoysman.
d) Sigerid.

4. El nuevo concepto de salud se ajusta mejor a un enfoque:

a) Estático-ecológico.
b) Dinámico-ecológico.

c) Estático-biológico.
d) Bioestático.

5. ¿Cuáles de los siguientes son factores determinantes de la aparición de enfermedades?

a) Los hábitos (estilo de vida).
b) Genética.
c) Los sistemas de salud.
d) Todos.

6. ¿En qué grupo de factores determinantes de la salud se incluye un virus?

a) Medio ambiente.
b) Estilo de vida.
c) Biología humana.
d) Sistema sanitario.

7. Las radiaciones ionizantes que actúan como factor de riesgo ambiental son un agente:

a) Biológico.
b) Físico.
c) Químico.
d) Psicocultural.

8. ¿Cuál de los determinantes de la salud es el más directamente abordable mediante Educación para la Salud (EPS)?

a) Biología humana.
b) Medio ambiente.
c) Los estilos de vida.
d) La Atención Primaria de Salud.

9. ¿Qué factor condicionante suele tener mayor impacto global sobre el estado de salud de la población?

a) Medio ambiente.
b) Estilo de vida.
c) Biología humana.
d) Sistema sanitario.

10. La genética, como determinante de la salud, se integra dentro de:

a) El medio ambiente.
b) Los estilos de vida.

c) La biología humana.
d) Los sistemas sanitarios.

11. Si un paciente refiere síntomas y además existen signos objetivos, ¿en qué periodo de la historia natural de la enfermedad está?

a) Clínico
b) Subclínico
c) Estado
d) Son correctas a) y c)

12. ¿Cómo se llama la fase del periodo clínico en la que aparecen las primeras manifestaciones, aún escasas?

a) De estado o florida
b) De incubación
c) Prodrómica
d) Final o de resolución

13. Cuando los signos y síntomas ya son manifiestos y máximos, ¿en qué fase estamos?

a) Incubación o latencia
b) Fase prodrómica
c) Periodo (fase) de estado
d) Fase de resolución

14. La fase en la que empiezan a aparecer síntomas, aún pocos, es:

a) Incubación/latencia
b) Fase prodrómica
c) Periodo de estado
d) Fase de resolución

15. ¿Cuál de las siguientes no es una fase de la enfermedad?

a) Periodo de latencia
b) Fase prodrómica
c) Fase posprandial
d) Periodo de estado

16. Según la Carta de Ottawa, las acciones propias de la promoción de la salud incluyen:

a) Abogar a favor de la salud
b) Capacitar para elegir opciones saludables

c) Mediar entre intereses divergentes
d) Todo lo anterior

17. ¿A qué organismo se atribuye la definición de prevención como "cualquier medida que reduce la probabilidad de aparición o interrumpe/amina su progresión"?

a) OMS
b) Ministerio de Sanidad (España)
c) INGESA
d) Canadian Task Force

18. La división en prevención primaria, secundaria y terciaria se basa en:

a) La historia natural de la enfermedad
b) El tipo de acción
c) Edad y sexo
d) Tipo de patología

19. Sobre prevención, señala lo falso:

a) La primaria disminuye la probabilidad de aparición
b) La secundaria busca interrumpir o frenar la progresión
c) La primaria incluye la rehabilitación precoz
d) La primaria puede reducir la incidencia

20. La prevención primaria en adultos mediante cambio de conductas insanas incluye todo salvo:

a) Lucha antitabaco
b) Prevención de cardiopatía isquémica
c) Prevención de cáncer colorrectal
d) Prevención del hipotiroidismo congénito

En MADTEST tienes **más preguntas de este tema**, y todos tus avances quedan registrados y se reflejan en el ranking.

¡Supera tus límites con MADTEST!

Solución al test n.º 2

1. d) Parsons.

2. b) Miasmática.

3. c) Hoysman.

4. b) Dinámico-ecológico.

5. d) Todos.

6. a) Medio ambiente.

7. b) Físico.

8. c) Los estilos de vida.

9. b) Estilo de vida.

10. c) La biología humana.

11. a) Clínico.

12. c) Prodrómica.

13. c) Periodo de estado.

14. b) Fase prodrómica.

15. c) Fase posprandial.

16. d) Todo lo anterior.

17. a) OMS

18. a) La historia natural de la enfermedad.

19. c) La primaria incluye la rehabilitación precoz.

20. d) Prevención del hipotiroidismo congénito.

TEST N.º 3

Educación sanitaria. Higiene: higiene personal, higiene de la alimentación, higiene mental, higiene sexual. Infección y profilaxis: concepto, mecanismo de defensa ante las infecciones, enfermedad infecciosa, profilaxis y terapéutica

1. Podemos definir la higiene como:

a) Conjunto de conocimientos y técnicas para controlar factores nocivos para la salud.
b) Conjunto de técnicas para mejorar, conservar y prevenir enfermedades.
c) Técnicas básicas de aseo y cuidado del cuerpo humano.
d) Conocimientos y técnicas para promoción y restablecimiento de la salud.

2. La frecuencia del baño dependerá de:

a) Los hábitos de cada individuo.
b) Las costumbres del lugar.
c) La actividad de la persona y las condiciones climáticas.
d) Las condiciones físicas de cada persona.

3. Señale la opción incorrecta: las manos pueden transmitir…

a) Enfermedades diarreicas (parasitarias, bacterianas y virales).
b) Afecciones respiratorias.
c) Infecciones micóticas de las uñas.
d) Intoxicaciones alimentarias.

4. ¿Qué componente no se clasifica como nutriente?

a) Proteínas.
b) Vitaminas.
c) Fibra.
d) Minerales.

5. ¿Cuál de estas no se vincula en el texto a una dieta poco saludable?

a) Cáncer.
b) Diabetes.
c) Artrosis.
d) Depresión.

6. Conjunto de técnicas para eliminar microorganismos en objetos/superficies:

a) Antisepsia.
b) Desinfección.
c) Limpieza.
d) Asepsia.

7. En la antisepsia se utilizan:

a) Gammaglobulinas.
b) Productos químicos.
c) Desinfectantes.
d) Las opciones b) y c) son correctas.

8. Los carbamatos (p. ej., carbaril) actúan:

a) Por contacto.
b) Por asfixia.
c) Como repelentes.
d) Como fumigantes.

9. Desinsectación es:

a) Suprimir microorganismos en habitación/ropa.
b) Eliminar artrópodos.
c) Eliminar gérmenes en superficie/interior.
d) Uso de químicos para destruir microorganismos.

10. Productos aplicados en piel para evitar picaduras:

a) Repelentes.
b) Asfixiantes.
c) Ahuyentadores.
d) Las opciones a) y c) son correctas.

11. El paludismo por *Plasmodium* se considera:

a) Protozonemia.
b) Infestación.

c) Insectación.
d) Aracnoide.

12. Suprimir patógenos en habitación, ropa, manos, piel:

a) Desinfección.
b) Desinsectación.
c) Asepsia.
d) Esterilización.

13. Un buen desinfectante debe ser:

a) Estable.
b) De bajo costo.
c) Biodegradable.
d) Todas son correctas.

14. Un producto bactericida:

a) Mata microorganismos.
b) Inhibe su crecimiento.
c) Estimula la inmunidad.
d) Limpia.

15. Para desinfectar piel se usan:

a) Desinfectantes (para objetos).
b) Antisépticos.
c) Esterilización.
d) Antibióticos.

16. Destruir todos los patógenos salvo esporas es:

a) Asepsia.
b) Antisepsia.
c) Desinfección.
d) Esterilización.

17. La desinfección capaz de destruir bacilo de Koch es:

a) Bajo nivel.
b) Muy bajo.
c) Alto nivel.
d) Nivel infinito.

18. Activa solo frente a virus lipídicos medios, bacterias vegetativas y hongos:

a) Alto nivel.
b) Muy alto.
c) Intermedio.
d) Bajo nivel.

19. La ebullición es un método de:

a) Desinfección.
b) Esterilización.
c) Limpieza.
d) Esterilizar agujas (actual).

20. Técnica: 30 min a 68 °C y enfriado rápido:

a) Pasteurización.
b) Uperización.
c) Esterilización.
d) Ebullición.

En MADTEST tienes **más preguntas de este tema**, y todos tus avances quedan registrados y se reflejan en el ranking.

¡Supera tus límites con MADTEST!

Solución al test n.º 3

1. a) Conjunto de conocimientos y técnicas para controlar factores nocivos para la salud.

2. c) La actividad de la persona y las condiciones climáticas.

3. b) Afecciones respiratorias.

4. c) Fibra.

5. c) Artrosis.

6. b) Desinfección.

7. d) Las opciones b) y c) son correctas.

8. a) Por contacto.

9. b) Eliminar artrópodos.

10. d) Las opciones a) y c) son correctas.

11. b) Infestación.

12. a) Desinfección.

13. d) Todas son correctas.

14. a) Mata microorganismos.

15. b) Antisépticos.

16. c) Desinfección.

17. c) Alto nivel.

18. d) Bajo nivel.

19. a) Desinfección.

20. a) Pasteurización.

Legislación farmacéutica y de relación con la asistencia al paciente: Ley de garantías y uso racional de los medicamentos y productos sanitarios. Ley de ordenación farmacéutica de Canarias. Real decreto 175/2001, de 23 de febrero, por el que se aprueban las normas de correcta elaboración y control de calidad y de fórmulas magistrales y preparados oficinales

1. Todo componente de un medicamento distinto del principio activo y del material de acondicionamiento se llama:

a) Aditivo.
b) Excipiente.
c) Sustancia inactiva.
d) Residuo.

2. ¿Qué título del Texto refundido de la Ley de garantías y uso racional de los medicamentos y productos sanitarios regula el uso racional de los medicamentos de uso humano?

a) El título II.
b) El título IV.
c) El título V.
d) El título VII.

3. Los responsables de la producción, distribución, venta y dispensación de medicamentos y productos sanitarios deberán respetar, en la prestación del servicio a la comunidad, el principio de:

a) Continuidad.
b) Interés público.
c) Universalidad.
d) Publicidad.

4. Se considera una infracción muy grave:

a) Realizar ensayos clínicos sin la previa autorización administrativa.

b) Fabricar o importar productos cosméticos sin atenerse a las condiciones manifestadas en la declaración responsable.

c) Fabricar productos sanitarios a medida sin contar con la correspondiente prescripción escrita por un facultativo.

d) Dispensar medicamentos sin receta, cuando esta resulte obligada.

5. Según el Texto refundido de la Ley de garantías y uso racional de los medicamentos y productos sanitarios, los remedios secretos:

a) Deberán estar autorizados por la Agencia Española de Medicamentos y Productos Sanitarios.

b) Estarán permitidos cuando se demuestren claramente beneficiosos para la salud.

c) Están prohibidos.

d) Solo podrán dispensarse bajo prescripción facultativa en los servicios de farmacia de los hospitales.

6. En relación con la denominación oficial española de los principios activos, es cierto que:

a) En el Estado Español solo se podrá utilizar la denominación oficial española.

b) La denominación oficial española deberá ser igual a la denominación común internacional (DCI) fijada por la Organización Mundial de la Salud.

c) Las denominaciones oficiales españolas de los principios activos serán de dominio público.

d) La denominación del medicamento deberá incluir la denominación oficial española.

7. Sin perjuicio del derecho relativo a la protección de la propiedad industrial y comercial, los medicamentos genéricos de uso humano autorizados no podrán ser comercializados hasta transcurridos desde la fecha de la autorización inicial del medicamento de referencia:

a) 5 años.

b) 8 años.

c) 10 años.

d) 12 años.

8. En el supuesto de que para una sustancia de uso médico bien establecido se autorice una nueva indicación, con base en ensayos clínicos o estudios preclínicos significativos, se concederá un periodo no acumulativo de exclusividad de datos de:

a) 1 año.

b) 2 años.

c) 4 años.
d) 5 años.

9. Según el Texto refundido de la Ley de garantías y uso racional de los medicamentos y productos sanitarios, la autorización de medicamentos tendrá una duración de:

a) 5 años.
b) 8 años.
c) 10 años.
d) 11 años.

10. La autorización de un medicamento se entenderá caducada si el titular no procede a la comercialización efectiva del mismo en un plazo de:

a) 1 año.
b) 3 años.
c) 4 años.
d) 5 años.

11. Los expedientes de los medicamentos veterinarios destinados a peces, abejas y otras especies que se determine en el ámbito de la Unión Europea, contarán con un periodo de exclusividad de datos de:

a) 8 años.
b) 10 años.
c) 11 años.
d) 13 años.

12. En el supuesto de que a una sustancia de uso veterinario bien establecido se le otorgue, con base en nuevos estudios de residuos y nuevos ensayos clínicos, una autorización para otra especie productora de alimentos se concederá a esa especie un periodo de exclusividad de datos de:

a) 1 año.
b) 3 años.
c) 5 años.
d) 8 años.

13. Se exigirá prescripción para todos aquellos medicamentos veterinarios nuevos que contengan un principio activo cuya utilización en los medicamentos veterinarios lleve autorizada menos de:

a) 1 año.
b) 2 años.

c) 3 años.
d) 5 años.

14. En relación con la distribución y dispensación de medicamentos veterinarios, el Texto refundido de la Ley de garantías y uso racional de los medicamentos y productos sanitarios determina que:

a) Se autoriza a los establecimientos comerciales detallistas la dispensación al público de los medicamentos veterinarios.

b) Las entidades o agrupaciones ganaderas autorizadas que cuenten con servicio farmacéutico responsable de la custodia, conservación y dispensación de estos medicamentos podrán dispensarlos al público en general.

c) Los medicamentos destinados a perros, gatos, animales de terrario, pájaros domiciliarios, peces de acuario y pequeños roedores podrán distribuirse y venderse en otros establecimientos sin necesidad de autorización.

d) Las Administraciones Públicas, en el ejercicio de sus competencias, podrán adquirir los medicamentos veterinarios que sean precisos, directamente de los laboratorios farmacéuticos o de cualquier centro de distribución autorizado.

15. En relación con los preparados oficinales, el Texto refundido de la Ley de garantías y uso racional de los medicamentos y productos sanitarios señala que:

a) Deben ir acompañados del nombre del farmacéutico que los prepare.

b) Deben presentarse y dispensarse necesariamente bajo marca comercial.

c) Deben elaborarse en un laboratorio legalmente autorizado para tal fin por la Administración sanitaria competente.

d) No podrán estar previamente descritos en el Formulario Nacional.

16. Según el Texto refundido de la Ley de garantías y uso racional de los medicamentos y productos sanitarios, no entran dentro de la denominación "medicamentos especiales":

a) Las vacunas.

b) Los medicamentos de origen humano.

c) Los medicamentos de plantas medicinales.

d) Las fórmulas magistrales.

17. Los derivados de la sangre, del plasma y el resto de las sustancias de origen humano (fluidos, glándulas, excreciones, secreciones, tejidos y cualesquiera otras sustancias), así como sus correspondientes derivados, se considerarán medicamentos:

a) En todo caso.

b) Cuando procedan de donaciones altruistas.

c) Cuando se utilicen con finalidad terapéutica.

d) Cuando tengan una finalidad diagnóstica.

18. Todo radionucleido producido industrialmente para el marcado radiactivo de otras sustancias antes de su administración, se denomina:

a) Generador.
b) Precursor.
c) Equipo reactivo.
d) Isótopo radiactivo.

19. El laboratorio farmacéutico deberá responder de las obligaciones que le sean exigibles durante el tiempo de su actividad, incluso en caso de suspensión de esta, y durante un plazo posterior a su clausura de:

a) 5 años.
b) 7 años.
c) 9 años.
d) 11 años.

20. En relación con los mensajes publicitarios de los medicamentos, es cierto que:

a) La publicidad de medicamentos no sujetos a prescripción médica requerirá de autorización administrativa previa.
b) Podrán incluir expresiones que proporcionen seguridad de curación, testimonios sobre las virtudes del producto y de profesionales o personas cuya notoriedad induzca al consumo.
c) Debe resultar evidente el carácter publicitario del mensaje y quedar claramente especificado que el producto es un medicamento.
d) Podrán utilizar como argumento publicitario el hecho de haber obtenido autorización sanitaria en cualquier país o cualquier otra autorización, número de registro sanitario o certificación que corresponda expedir, y los controles o análisis que compete ejecutar a las autoridades sanitarias.

En MADTEST tienes **más preguntas de este tema**, y todos tus avances quedan registrados y se reflejan en el ranking.

¡Supera tus límites con MADTEST!

Solución al test n.º 4

1. b) Excipiente.

2. d) El título VII.

3. a) Continuidad.

4. a) Realizar ensayos clínicos sin la previa autorización administrativa.

5. c) Están prohibidos.

6. c) Las denominaciones oficiales españolas de los principios activos serán de dominio público.

7. c) 10 años.

8. a) 1 año.

9. a) 5 años.

10. b) 3 años.

11. d) 13 años.

12. b) 3 años.

13. d) 5 años.

14. d) Las Administraciones Públicas, en el ejercicio de sus competencias, podrán adquirir los medicamentos veterinarios que sean precisos, directamente de los laboratorios farmacéuticos o de cualquier centro de distribución autorizado.

15. a) Deben ir acompañados del nombre del farmacéutico que los prepare.

16. d) Las fórmulas magistrales.

17. c) Cuando se utilicen con finalidad terapéutica.

18. b) Precursor.

19. a) 5 años.

20. c) Debe resultar evidente el carácter publicitario del mensaje y quedar claramente especificado que el producto es un medicamento.

TEST N.º 5

Farmacia hospitalaria: servicio de farmacia hospitalaria. Áreas o zonas que la integran. Sistemas de distribución intrahospitalaria de productos farmacéuticos y parafarmacéuticos: reposiciones de botiquines, sistemas de dispensación de medicamentos en dosis unitarias (SDMDU), sistemas de dispensación automatizada. Órdenes hospitalarias de dispensación. Dispensación de productos farmacéuticos y parafarmacéuticos a pacientes ambulatorios: normativa legal. Aplicaciones informáticas de distribución y dispensación de los productos farmacéuticos y parafarmacéuticos. Asistencia al farmacéutico en la gestión de medicamentos en ensayo clínico: normativa legal. Asistencia al farmacéutico en la atención al paciente ambulatorio, al paciente de hospitales de día

1. Los Servicios de Farmacia Hospitalaria están regulados según la legislación vigente por:

a) Ley de Hospitales de 21 de julio de 1962.
b) Orden 1 de febrero de 1977.
c) Ley 29/2006, de 26 de julio, de garantías y uso racional de medicamentos y productos sanitarios.
d) Por todo lo anterior.

2. La atención farmacéutica en los centros hospitalarios se prestará:

a) A través de Servicios de Farmacia Hospitalaria.
b) A través de almacén farmacéutico.
c) Exclusivamente por el depósito de medicamentos de las plantas hospitalarias.
d) Todas son ciertas.

3. En Hospitales de 50 camas será obligatorio:

a) El Servicio de Farmacia Hospitalario.
b) El establecimiento de un depósito de medicamentos.

c) El botiquín.
d) Servicio de farmacia extrahospitalaria.

4. No es función del Servicio de Farmacia Hospitalaria:

a) Elaborar y dispensar fórmulas magistrales o preparados oficinales de acuerdo con las normas de correcta fabricación y los controles de calidad reglamentarios, cuando razones de disponibilidad o eficiencia lo hagan necesario o conveniente.
b) Establecer un sistema racional de distribución de medicamentos que garantice la seguridad, la rapidez y el control del proceso.
c) Dispensar estupefacientes y psicótropos sin cumplimiento de legislación vigente.
d) Dispensar y controlar los medicamentos de uso hospitalario prescritos a los pacientes ambulatorios por los facultativos médicos del propio hospital o, en su caso, del hospital de referencia, facilitando, con garantía de privacidad, información verbal y/o escrita para reforzar la adherencia a los tratamientos y asegurar su correcta conservación y utilización.

5. El Servicio de Farmacia Hospitalaria:

a) Deberá permitir la disponibilidad de los medicamentos durante al menos 8 horas al día.
b) Mientras permanezca abierto contará al menos con Técnico Especialista en Farmacia.
c) Únicamente dispensarán medicamentos para su aplicación en el propio establecimiento y aquellos otros para tratamientos extrahospitalarios que exijan una particular vigilancia, supervisión y control del equipo multidisciplinar de atención a la salud.
d) Todas son ciertas.

6. El SFH:

a) Forma parte de los Servicios centrales del Hospital.
b) Depende del director médico.
c) Está compuesto por personal facultativo y no facultativo.
d) Todas son correctas.

7. El máximo responsable del SFH es:

a) El jefe de sección.
b) El jefe de servicio.
c) El farmacéutico adjunto.
d) El doctor en Farmacia Hospitalaria.

8. Señala la respuesta incorrecta. Los depósitos de medicamentos de los Hospitales tienen como función:

a) Garantizar la correcta conservación, custodia y dispensación de medicamentos y productos sanitarios para su aplicación dentro del centro.
b) Establecer un sistema eficaz y seguro de dispensación de medicamentos en el centro, con la implantación de medidas que contribuyan a garantizar su correcta administración.

c) Informar al personal sanitario del centro y a los propios pacientes en materia de medicamentos, así como realizar estudios sistemáticos sobre su utilización.

d) Llevar a cabo actividades educativas sobre cuestiones de su competencia dirigidas al personal sanitario del hospital y a los pacientes.

9. La sección encargada de la dispensación de medicamentos no tiene como objetivo:

a) Proporcionar al paciente los medicamentos que necesite, informándole y aconsejándoles sobre este.

b) Facilitar el seguimiento del tratamiento prescrito.

c) Elaboración de la fórmula magistral.

d) Garantizar una correcta administración de los medicamentos.

10. ¿En qué sección del SFH se envasan y se etiquetan los medicamentos?

a) Área de Dispensación.

b) Área de Farmacotecnia.

c) Área de Gestión.

d) Área de Farmacovigilancia.

11. Son factores que delimitan el SFH:

a) Tipo de hospital.

b) Localización geográfica.

c) Prestaciones farmacéuticas a desarrollar.

d) Todos son factores.

12. Los SFH:

a) Estarán situados lo más cerca posible a zonas de decarga.

b) Es aconsejable su ubicación en las plantas bajas con acceso directo a la calle y a zonas de descarga habilitadas en lo posible solo para el Servicio de Farmacia.

c) Si no es posible la ubicación a ras de superficie, y tanto si se encuentran situados en plantas altas o bajas, deben estar próximos a ascensores de carga usados en exclusividad para estas tareas.

d) Todas son correctas.

13. La zona del SFH donde se coloca la mercancía hasta su revisión, confirmación y colocación, es la denominada zona de:

a) Dispensación.

b) Almacenamiento.

c) Recepción.

d) Descarga de mercancías.

14. Para poder realizar las funciones de dispensación ambulatoria, el SFH debe contar con:

a) Una zona dentro del Servicio de Farmacia cercana a la salida del mismo, con acceso directo y rápido desde la calle.

b) Una habitación con una mesa de trabajo y sillas: en ella el farmacéutico realiza el acto de la dispensación y la información de medicamentos.

c) Una antesala: con sillas donde los pacientes puedan esperar su turno.

d) Con todo lo anterior se debe contar.

15. La dispensación de medicación a los pacientes ingresados se realiza a través de:

a) *Stock* de planta.

b) Sistemas de dosis día individualizada.

c) Desde el almacén de medicamentos.

d) Las respuestas a) y b) son correctas.

16. Los SFH deberán implementar, para todos los pacientes hospitalizados, el Sistema de Distribución de Medicamentos en Dosis Unitaria; este sistema debe tener:

a) Envases unitarios.

b) Cantidad disponible para 48 horas.

c) Actualizado el perfil farmacocinetico de los pacientes.

d) Todas son correctas.

17. No es una condición del procedimiento de reenvasado del Sistema de distribución de Medicamentos en Dosis Unitaria:

a) Verificación de las condiciones organolépticas del medicamento a reenvasar.

b) Compresión del procedimiento de reenvasado por parte del personal que intervenga.

c) No se deben fraccionar los blísteres.

d) Sellado del empaque y etiquetado.

18. La Zona administrativa del SFH se ubicará:

a) Próxima a la calle.

b) Próxima a la zona de dispensación.

c) Próxima al área de farmacotecnia.

d) Próxima al almacén de medicamentos.

19. El área de farmacotecnia:

a) Es el área de dispensación de medicamentos de los pacientes ingresados.

b) Es el área de elaboración de fórmulas farmacéuticas que no se realizan en la industria farmacéutica.

c) Es un área estéril.
d) Todas son correctas.

20. Señala la respuesta correcta con respecto a la dispensación de medicamento en los servicios de farmacia hospitalaria:

a) Solamente se dispensan medicamentos para pacientes ingresados en el hospital.
b) Además de la dispensación intrahospitalaria también se realiza la extrahospitalaria.
c) No se dispensan fórmulas magistrales ni preparados oficinales.
d) La dispensación se realiza en horario restringido de mañana.

En MADTEST tienes **más preguntas de este tema**, y todos tus avances quedan registrados y se reflejan en el ranking.

¡Supera tus límites con MADTEST!

Solución al test n.º 5

1. a) Por todo lo anterior.

2. a) A través de Servicios de Farmacia Hospitalaria.

3. b) El establecimiento de un depósito de medicamentos.

4. c) Dispensar estupefacientes y psicótropos sin cumplimiento de legislación vigente.

5. c) Únicamente dispensarán medicamentos para su aplicación en el propio establecimiento y aquellos otros para tratamientos extrahospitalarios que exijan una particular vigilancia, supervisión y control del equipo multidisciplinar de atención a la salud.

6. d) Todas son correctas.

7. b) El jefe de servicio.

8. d) Llevar a cabo actividades educativas sobre cuestiones de su competencia dirigidas al personal sanitario del hospital y a los pacientes.

9. c) Elaboración de la fórmula magistral.

10. b) Área de Farmacotecnia.

11. d) Todos son factores.

12. d) Todas son correctas.

13. c) Recepción.

14. d) Con todo lo anterior se debe contar.

15. d) Las respuestas a) y b) son correctas.

16. a) Envases unitarios.

17. c) No se deben fraccionar los blísteres.

18. b) Próxima a la zona de dispensación.

19. b) Es el área de elaboración de fórmulas farmacéuticas que no se realizan en la industria farmacéutica.

20. b) Además de la dispensación intrahospitalaria también se realiza la extra-hospitalaria.

Servicio de Farmacia de Atención Especializada. Concepto. Funciones. Organigrama. Estructura

1. ¿Qué prestación sanitaria no se corresponde con la recibida en atención especializada?

a) Atención a la salud bucodental.
b) Salud mental.
c) Hospitalización a domicilio.
d) Atención paliativa.

2. ¿En qué norma se diferencian las dos modalidades de asistencia sanitaria (primaria y secundaria)?

a) Ley 1/2015.
b) Real Decreto 1718/2010.
c) Ley 14/1986.
d) Real Decreto 1689/2007.

3. ¿Qué prestación sanitaria se recibe en atención especializada?

a) Atención a la infancia.
b) Atención al adulto y anciano.
c) Rehabilitación.
d) Atención a la mujer.

4. ¿Cuál es el nivel básico de nuestro sistema nacional de salud?

a) La atención primaria.
b) La sanidad privada.
c) La atención secundaria.
d) La atención especializada.

5. ¿A qué nivel del sistema nacional público de salud se acudirá cuando la atención primaria haya agotado los medios que posee para satisfacer las necesidades asistenciales que se precisan?

a) A recibir atención en hospitales privados superespecializados.
b) A recibir atención en clínicas privadas.
c) A la atención especializada de hospitales públicos.
d) A la atención básica de consultorios, ambulatorios y centros de salud.

6. ¿En qué régimen de prestación sanitaria asistencial no coinciden la atención primaria y la especializada?

a) La atención primaria no posee la asistencia en régimen de Urgencias e internamiento.
b) La atención primaria no posee la asistencia en régimen de Urgencias y ambulatorio.
c) La atención primaria no posee la asistencia en régimen de Ambulatorio e internamiento.
d) La atención primaria no posee la asistencia en régimen de Internamiento.

7. ¿Qué objetivo no posee la atención especializada?

a) Atender las urgencias y emergencias que requieran cuidados de este nivel.
b) Prestar asistencia ambulatoria básica.
c) Posibilitar la hospitalización de los pacientes que lo precisen.
d) Ofrecer a la población los medios técnicos y humanos de diagnóstico y tratamiento y rehabilitación que por su nivel de especialización no pueden resolverse en el nivel básico.

8. ¿Qué tipo de cobertura sanitaria ofrece la atención especializada?

a) Parcial.
b) Básica.
c) Totalizadora.
d) Externa.

9. ¿En qué estructura única se integra la atención especializada mediante recursos hospitalarios y extrahospitalarios?

a) En los Hospitales Generales.
b) En los Hospitales de Especialidades.
c) En los Centros de Especialidades.
d) En los Centros Básicos de Atención Sanitaria (CBAS).

10. ¿Cuál de estos no es un fin de la atención sanitaria especializada?

a) Colaborar en la formación de los recursos humanos y en las investigaciones de salud.
b) Participar, con el resto del dispositivo sanitario, en la prevención de las enfermedades y promoción de la salud.

c) Posibilitar el internamiento en régimen de hospitalización a los pacientes que lo precisen.
d) Son todos los anteriores.

11. La atención sanitaria terciaria del sistema nacional de salud constituye:

a) Un nivel básico de atención sanitaria.
b) Un nivel de atención sanitaria especializado.
c) Un nivel de atención sanitaria superespecializado.
d) No existe tal nivel.

12. ¿Qué afirmación es incorrecta sobre la atención primaria de salud?

a) Es el primer nivel del sistema nacional de salud.
b) Es el nivel más básico.
c) En él es imposible prestar una atención integral a la salud.
d) Todo lo anterior es cierto.

13. La atención sanitaria especializada se llevará a cabo en:

a) Hospitales.
b) Centros de salud.
c) Centros de especialidades dependientes de los hospitales.
d) Son ciertas las respuestas a) y c).

14. ¿Cuál es el nivel más básico de salud?

a) Atención de consultas externas.
b) Atención Primaria.
c) Urgencia.
d) Atención Especializada.

15. ¿Qué tipo de prestación sanitaria consideras de la atención primaria?

a) Planificación familiar.
b) La asistencia materno-infantil.
c) Inmunización contra las principales enfermedades infecciosas.
d) Todas las anteriores.

16. ¿Dónde se celebró la Conferencia Internacional sobre Atención Primaria de Salud en 1978, que creó las bases de la actual atención primaria?

a) Copenhague.
b) Lisboa.
c) Alma-Ata.
d) Helsinki.

17. ¿Qué característica se corresponde mejor con la atención primaria de salud?

a) Asistencia sanitaria individual donde solo se curan las personas.
b) Atención integral de salud.
c) Se cubre exclusivamente a nivel asistencial la propia atención sanitaria y la prestación de medicamentos, excluyéndose otras de otro nivel, la salud laboral, asistencia social, atención a crónicos…).
d) Todas son atributos exclusivos de la atención primaria.

18. ¿Dónde se desarrolla a nivel asistencial la actual atención primaria de salud?

a) En ambulatorios.
b) En consultorios.
c) En centros de salud.
d) En todos los anteriores.

19. ¿Qué profesionales de los que se nombran no se incluyen en la atención primaria de salud?

a) Odontólogos.
b) Trabajadores Sociales.
c) Traumatólogos.
d) Se incluyen todos los anteriores.

20. ¿Qué labor se ejerce de las que se nombra en la atención primaria?

a) Investigación y Docencia.
b) Reinserción social.
c) Educación sanitaria de la población.
d) Se ejercen todas las anteriores.

En MADTEST tienes **más preguntas de este tema**, y todos tus avances quedan registrados y se reflejan en el ranking.

¡Supera tus límites con MADTEST!

Solución al test n.º 6

1. a) Atención a la salud bucodental.

2. c) Ley 14/1986.

3. c) Rehabilitación.

4. a) La atención primaria.

5. c) A la atención especializada de hospitales públicos.

6. d) La atención primaria no posee la asistencia en régimen de Internamiento.

7. b) Prestar asistencia ambulatoria básica.

8. c) Totalizadora.

9. c) En los Centros de Especialidades.

10. d) Son todos los anteriores.

11. c) Un nivel de atención sanitaria superespecializado.

12. c) En él es imposible prestar una atención integral a la salud.

13. d) Son ciertas las respuestas a) y c).

14. b) Atención Primaria.

15. d) Todas las anteriores.

16. c) Alma-Ata.

17. b) Atención integral de salud.

18. c) En centros de salud.

19. c) Traumatólogos.

20. d) Se ejercen todas las anteriores.

Funciones del personal Técnico de Farmacia en el Servicio Canario de la Salud. El Decreto 73/2016, de 20 de junio, por el que se crean y suprimen determinadas categoría y especialidades de personal estatutario en el ámbito de las instituciones sanitarias del Servicio Canario de la Salud y se modifica la denominación de la categoría estatutaria ATS/DUE

1. La Ley 55/2003, de 16 de diciembre, del Estatuto Marco del personal estatutario de los servicios de salud, dispone en su artículo 14.1 que los servicios de salud establecerán las diferentes categorías o grupos profesionales existentes en su ámbito, de acuerdo con el criterio de:

a) Renovación de las funciones, competencias y aptitudes profesionales, de las titulaciones y de los contenidos específicos de la función a desarrollar.

b) Especialización de las funciones, competencias y aptitudes profesionales, de las titulaciones y de los contenidos específicos de la función a desarrollar.

c) Agrupación unitaria de las funciones, competencias y aptitudes profesionales, de las titulaciones y de los contenidos específicos de la función a desarrollar.

d) Diferenciación de las funciones, competencias y aptitudes profesionales, de las titulaciones y de los contenidos específicos de la función a desarrollar.

2. Según el artículo 20 de la Ley autonómica 4/2012, de 25 de junio, de medidas administrativas y fiscales, el establecimiento, modificación y supresión de categorías de personal estatutario de las instituciones sanitarias del Servicio Canario de la Salud, se efectuará:

a) Por Ley del Parlamento de Canarias.

b) Por Decreto del Gobierno, a propuesta del titular del departamento competente en materia de sanidad.

c) Por Orden del titular del departamento competente en materia de sanidad.

d) Por Real Decreto del Consejo de Ministros, a propuesta del titular del ministerio competente en materia de sanidad.

3. Entre las razones esgrimidas por el Decreto 73/2016, de 20 de junio, por el que se crean y suprimen determinadas categorías y especialidades de personal estatutario en el ámbito de las instituciones sanitarias del Servicio Canario de la Salud y se modifica la denominación de la categoría estatutaria ATS/DUE, para adaptar a las necesidades y nomenclaturas vigentes entonces determinadas categorías de personal estatutario existentes en el ámbito de las instituciones sanitarias del Servicio Canario de la Salud, no figura:

a) La evolución de determinadas prestaciones.
b) La aparición de nuevas titulaciones y especializaciones.
c) El establecimiento de nuevos servicios.
d) La necesidad de reducir el gasto hospitalario.

4. ¿Cuándo entró en vigor el Decreto 73/2016?

a) El mismo día de su publicación en el Boletín Oficial de Canarias.
b) Al día siguiente de su publicación en el Boletín Oficial de Canarias.
c) A los 20 días de su publicación en el Boletín Oficial de Canarias.
d) Al mes de su publicación en el Boletín Oficial de Canarias.

5. Corresponde determinar el número de efectivos de personal de las categorías y especialidades a que hace referencia el Decreto 73/2016 que pueden prestar servicios con carácter estructural:

a) Al Gobierno de Canarias.
b) Al titular del departamento competente en materia de sanidad.
c) Al correspondiente Consejo de Salud del Área.
d) A la Dirección del Servicio Canario de la Salud.

6. ¿Cuál de los siguientes títulos se requiere para el acceso a la categoría de Auxiliar de Farmacia del Servicio Canario de Salud?

a) Título de formación profesional de Técnica/o en Farmacia y Parafarmacia.
b) Título de formación profesional de Técnica/o Superior en Farmacia y Parafarmacia.
c) Bachiller.
d) Graduado en Farmacia y Parafarmacia.

7. Conforme al artículo 6.1 de la Ley 55/2003, de 16 de diciembre, del Estatuto Marco del personal estatutario de los servicios de salud, el personal cuyo nombramiento ha sido expedido para el ejercicio de una profesión o especialidad sanitaria, ostenta la condición de:

a) Personal estatutario sanitario.
b) Personal estatutario facultativo.
c) Personal técnico sanitario.
d) Personal sanitario no facultativo.

8. Conforme al artículo 6.2 de la Ley 55/2003, de 16 de diciembre, del Estatuto Marco del personal estatutario de los servicios de salud, el personal de formación profesional se divide en:

a) Técnicos especializados y Técnicos medios.
b) Técnicos sanitarios y Técnicos de administración y gestión.
c) Técnicos especialistas, Oficiales Técnicos y Técnicos auxiliares.
d) Técnicos superiores y Técnicos.

9. ¿Dentro de qué grupo de clasificación se creó la categoría de Técnica/o Auxiliar de Farmacia?

a) A2.
b) B2.
c) C1.
d) C2.

10. Señala la palabra que falta en la siguiente frase: Conforme al artículo 11.2.a) del Decreto 73/2016, corresponde al personal Auxiliar de Farmacia la recepción, almacenamiento, revisión y .... de medicamentos, material de acondicionamiento, productos sanitarios, material sanitario y otro material utilizado en los servicios de farmacia, garantizando su correcta conservación y organización según los criterios establecidos.

a) Inspección.
b) Reposición.
c) Fabricación.
d) Dispensación.

11. Señala la palabra que falta en la siguiente frase: Conforme al artículo 11.2.b) del Decreto 73/2016, corresponde al personal Auxiliar de Farmacia ...., bajo la supervisión del personal farmacéutico, en la dispensación de medicamentos y productos sanitarios, así como realizar la preparación y distribución de las solicitudes de medicamentos y productos sanitarios, de acuerdo con las normas de actuación establecidas en el servicio de farmacia.

a) Participar.
b) Contribuir.
c) Colaborar.
d) Suplantar.

12. Señala la palabra que falta en la siguiente frase: Conforme al artículo 11.2.c) del Decreto 73/2016, corresponde al personal Auxiliar de Farmacia el almacenamiento, control y .... de los impresos y registros utilizados en la recepción, almacenamiento, conservación, custodia, dispensación y distribución de medicamentos, productos sanitarios y demás productos utilizados.

a) Cumplimentación.
b) Archivo.

c) Notificación.
d) Vigilancia.

13. Señala la palabra que falta en la siguiente frase: Conforme al artículo 11.2.h) del Decreto 73/2016, corresponde al personal Auxiliar de Farmacia el mantenimiento, conservación y .... de los utensilios y material requerido para llevar a cabo operaciones farmacéuticas.

a) Custodia.
b) Limpieza.
c) Reposición.
d) Adquisición.

14. Conforme al artículo 11.2.e) del Decreto 73/2016, corresponde al personal Auxiliar de Farmacia preparar, poner en funcionamiento y controlar los utensilios de dosificación y envasado de medicamentos al objeto de que en el momento de ser requeridos estén disponibles en cantidad, calidad y:

a) Estado operativo.
b) Volumen.
c) Tamaño.
d) Duración.

15. Conforme al artículo 11.2.j) del Decreto 73/2016, corresponde al personal Auxiliar de Farmacia el manejo de aplicativos informáticos empleados en el almacenamiento y en la dispensación de medicamentos y productos sanitarios:

a) Con el máximo nivel de acceso posible.
b) Con un nivel de acceso restringido.
c) Con el mínimo nivel de acceso posible.
d) Con el nivel de acceso que se establezca.

16. ¿Qué objetivo persigue la constante adaptación de las estructuras sanitarias según el artículo 43 de la Constitución y la Ley 11/1994 de Canarias?

a) Reducir costes económicos.
b) Mejorar progresivamente la calidad asistencial.
c) Homogeneizar los salarios del personal sanitario.
d) Centralizar todos los servicios en los hospitales.

17. Según la Ley 55/2003, los servicios de salud pueden crear, modificar o suprimir categorías profesionales siempre que exista:

a) Una decisión directa del Parlamento autonómico.
b) Autorización expresa del Ministerio de Sanidad.
c) Negociación con las organizaciones sindicales más representativas.
d) Aprobación por los colegios profesionales sanitarios.

18. ¿Qué motivaciones justificaron la aprobación del Decreto 73/2016 en Canarias?

a) Reducir la plantilla de personal estatutario.
b) Adaptarse a nuevas titulaciones, especializaciones y servicios.
c) Limitar la autonomía de los hospitales.
d) Transferir competencias sanitarias al Estado.

19. ¿Qué categoría se creó en el nivel de atención especializada para cubrir funciones de apoyo en los servicios de farmacia?

a) Técnico Especialista en Documentación Sanitaria.
b) Técnico Auxiliar de Farmacia.
c) Auxiliar de Enfermería.
d) Técnico Especialista en Sistemas Informáticos.

20. ¿En qué subgrupo de clasificación se encuadra la categoría de Técnico Auxiliar de Farmacia según el Decreto 73/2016?

a) A1.
b) B.
c) C1.
d) C2.

En MADTEST tienes **más preguntas de este tema**, y todos tus avances quedan registrados y se reflejan en el ranking.

¡Supera tus límites con MADTEST!

Solución al test n.º 7

1. c) Agrupación unitaria de las funciones, competencias y aptitudes profesionales, de las titulaciones y de los contenidos específicos de la función a desarrollar.

2. b) Por Decreto del Gobierno, a propuesta del titular del departamento competente en materia de sanidad.

3. d) La necesidad de reducir el gasto hospitalario.

4. c) A los 20 días de su publicación en el Boletín Oficial de Canarias.

5. d) A la Dirección del Servicio Canario de la Salud.

6. a) Título de formación profesional de Técnica/o en Farmacia y Parafarmacia.

7. a) Personal estatutario sanitario.

8. d) Técnicos superiores y Técnicos.

9. d) C2.

10. b) Reposición.

11. c) Colaborar.

12. b) Archivo.

13. b) Limpieza.

14. a) Estado operativo.

15. d) Con el nivel de acceso que se establezca.

16. b) Mejorar progresivamente la calidad asistencial.

17. c) Negociación con las organizaciones sindicales más representativas.

18. b) Adaptarse a nuevas titulaciones, especializaciones y servicios.

19. b) Técnico Auxiliar de Farmacia.

20. d) C2.

TEST N.º 8

Organización del almacén de farmacia. Recepción, almacenamiento, revisión y reposición de medicamentos, material de acondicionamiento, productos sanitarios, material sanitario y otro material utilizado en los servicios de farmacia, garantizando su correcta conservación y organización según los criterios establecidos. Control de caducidades. Procedimiento de devolución de productos caducados conforme a la normativa. Retirada de productos por alerta sanitaria. Eliminación de los productos según el sistema integral establecido. Aplicaciones informáticas de gestión y control de almacén

1. Entendemos como almacén:

a) El espacio de un laboratorio farmacéutico o de un distribuidor en el que se guardan los medicamentos producidos.
b) El lugar en el que los establecimientos de farmacia guardan los productos que han adquirido y que no tienen previsto vender de forma inmediata.
c) El conjunto de productos e instrumentos de un establecimiento de farmacia.
d) Todas son correctas.

2. El conjunto de artículos y materiales que posee un centro asistencial en espera de su utilización posterior en las diferentes secciones o unidades de la misma se denomina:

a) Artículos.
b) Almacenamiento.
c) Productos.
d) *Stock*.

3. Señala el enunciado correcto en relación con el funcionamiento del almacén sanitario:

a) Solicitar el reabastecimiento.
b) Recepción y registro de los materiales suministrados.
c) Rechazo del material que no satisfaga los requisitos del pedido.
d) Todos son enunciados correctos.

4. Las técnicas más comunes de recepción de pedidos son:

a) Abastecimiento a demanda y reposición.
b) Reposición diaria y masiva.
c) Reposición diaria y automática.
d) Registro y control.

5. Indica la respuesta correcta con relación a la reposición automática de los productos dispensados por el sistema de gestión de pedidos:

a) Coincide con el número máximo de unidades existentes.
b) Indica las existencias generales en almacén.
c) Propone órdenes de pedidos de los productos que han superado un límite mínimo de unidades establecidas previamente.
d) Informa sobre el margen de existencias utilizables.

6. Una vez emitida la orden de pedido, el proveedor prepara el suministro de los productos solicitados junto a la documentación correspondiente. El documento que acompaña a los productos entregados se denomina:

a) Factura.
b) Nota de abono.
c) Albarán.
d) Registro.

7. Señala qué dato no figura en un albarán:

a) Datos del proveedor.
b) Ficha de almacén.
c) Datos del cliente.
d) Fecha de envío.

8. El albarán es:

a) El documento por el que la Oficina de Farmacia solicita el suministro de determinados productos a un proveedor.
b) El documento que acompaña al pedido en el momento de su entrega al comprador.
c) Es un documento mercantil que recoge toda la información de una operación de compraventa.
d) Es un documento en el que se registran las devoluciones realizadas.

9. Son productos de reposición diaria aquellos que:

a) Quedan por debajo del *stock* mínimo o están predefinidos como artículos de reposición diaria.
b) Tienen un gran consumo todo el año.

c) Se dispensan en dosis unitarias.
d) Ninguna es correcta.

10. Señala cuál es un artículo de reposición diaria en un SFH:

a) Productos termolábiles.
b) Productos estupefacientes.
c) Vacunas individualizadas.
d) Todas son correctas.

11. Según el principio de Pareto, los productos de mayor valor económico se clasifican dentro del grupo:

a) A.
b) B.
c) C.
d) D.

12. Según la clasificación ABC para el control de inventarios, los artículos A suponen:

a) El 75 % del valor del inventario total y el 10 % de los artículos.
b) El 20 % del valor del inventario total y el 25 % de los artículos.
c) El 5 % del valor total y el 65 % de los artículos.
d) El 50 % del valor del inventario total y el 50 % de los artículos.

13. Señala el enunciado correcto en relación con el Método de Pareto:

a) Clasifica los *stocks* según el valor del producto.
b) Se denomina también método ABC.
c) Clasifica los *stocks* según el uso del producto.
d) Las respuestas a) y b) son correctas.

14. Según el método de Paretto, los artículos del Grupo C:

a) Son artículos de elevado coste, por lo que no pueden almacenarse en grandes cantidades.
b) Son artículos con poco valor relativo, y gran volumen.
c) Son artículos de pequeño valor y pequeño volumen.
d) Son artículos de pequeño valor y gran volumen.

15. ¿Cómo se denomina al material que se consume con el uso y en general tiene un periodo corto de vida?

a) Inventariable.
b) Perecedero.

c) Fungible.
d) Activo.

16. ¿Cómo se denominan los materiales de vida larga y de poco uso del almacén?

a) Perecederos.
b) Inventariables.
c) Fungibles.
d) Ninguna de las anteriores.

17. ¿Cuál es la precaución que se debe tomar al utilizar un medicamento fotosensible?

a) Debe protegerse de la luz.
b) Debe protegerse del sol.
c) Debe protegerse de los rayos ultravioletas.
d) Debe protegerse de la luz y el calor.

18. ¿Cuál es la precaución que se debe tomar al utilizar un medicamento termolábil?

a) Debe protegerse de la luz.
b) Debe protegerse del frío.
c) Debe protegerse de los rayos ultravioletas.
d) Debe protegerse del calor.

19. Se denomina producto higroscópico:

a) Al que se altera por acción del agua.
b) Al que se altera si no tiene agua.
c) Al que se altera por acción de la luz directa.
d) Al que se altera por el calor.

20. El siguiente pictograma significa:

a) Explosivo.
b) Inflamable.
c) Comburente.
d) Tóxico.

En MADTEST tienes **más preguntas de este tema**, y todos tus avances quedan registrados y se reflejan en el ranking.

¡Supera tus límites con MADTEST!

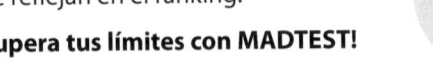

Solución al test n.º 8

1. d) Todas son correctas.

2. b) Almacenamiento.

3. d) Todos son enunciados correctos.

4. b) Reposición diaria y masiva.

5. c) Propone órdenes de pedidos de los productos que han superado un límite mínimo de unidades establecidas previamente.

6. c) Albarán.

7. b) Ficha de almacén.

8. b) El documento que acompaña al pedido en el momento de su entrega al comprador.

9. a) Quedan por debajo del stock mínimo o están predefinidos como artículos de reposición diaria.

10. d) Todas son correctas.

11. a) A.

12. a) El 75 % del valor del inventario total y el 10 % de los artículos.

13. d) Las respuestas a) y b) son correctas.

14. d) Son artículos de pequeño valor y gran volumen.

15. c) Fungible.

16. b) Inventariables.

17. a) Debe protegerse de la luz.

18. d) Debe protegerse del calor.

19. a) Al que se altera por acción del agua.

20. b) Inflamable.

TEST N.º 9

Almacenamiento, control y archivo de los impresos y registros utilizados en la recepción, almacenamiento, conservación, custodia, dispensación y distribución de medicamentos, productos sanitarios y demás productos utilizados

1. ¿Qué cualificación por ley se le da a una oficina de farmacia (Ley 14/1986, Ley 16/1997 y Real Decreto Legislativo 1/2015.?

a) Son establecimientos sanitarios, públicos y de interés privado.
b) Son establecimientos no sanitarios, públicos y de interés privado.
c) Son establecimientos no sanitarios y de interés exclusivamente privado.
d) Son establecimientos sanitarios, privados y de interés público.

2. ¿Cuál es, en orden, la cadena funcional en una oficina de farmacia de los medicamentos y productos sanitarios existentes?

a) Custodia, adquisición, conservación y dispensación.
b) Adquisición, custodia, conservación, dispensación y eliminación.
c) Adquisición/recepción, custodia, conservación y dispensación.
d) Custodia, adquisición, dispensación y conservación.

3. ¿Dónde comienza la cadena funcional de los medicamentos y productos sanitarios existentes en una oficina de farmacia?

a) Custodia.
b) Recepción.
c) Dispensación o distribución.
d) Conservación.

4. ¿Qué documento de la oficina de farmacia se relaciona con la gestión de compraventa?

a) Documento de alerta sanitaria.
b) Tarjetas de detección de posibles reacciones adversas de los medicamentos no registradas.

c) Hojas de devolución.
d) Registro de elaboración de fórmulas magistrales.

5. ¿Qué documento de la oficina de farmacia se relaciona con la farmacovigilancia?

a) Libro de recetario.
b) Albarán.
c) Tarjetas de detección de posibles reacciones adversas de los medicamentos no registradas.
d) Hojas de devolución.

6. El libro de estupefacientes es un documento:

a) De farmacovigilancia.
b) De la gestión de compraventa.
c) De la dispensación.
d) Del control del local e instalaciones.

7. ¿Qué documento de la oficina de farmacia se relaciona con la dispensación?

a) Vademécum.
b) Factura.
c) Tarjetas de detección de posibles reacciones adversas de los medicamentos no registradas.
d) Hojas de devolución.

8. ¿Qué documentos de estos son los más mayoritarios en la oficina de farmacia relacionados con la dispensación?

a) Partes de movimientos.
b) Factura.
c) Libro de registro de fórmulas magistrales.
d) Recetas.

9. ¿Qué documento de la oficina de farmacia se relaciona con el control del local e instalaciones?

a) Documento de alerta sanitaria.
b) Registro de temperatura del local de la oficina de farmacia.
c) Nomenclátor de medicamentos.
d) Registro de elaboración de fórmulas magistrales.

10. ¿Qué documento interno de registro existe en la oficina de farmacia relacionado con la dispensación?

a) Libro de partes de movimientos.
b) Libro de recetarios.

c) Registro de fórmulas magistrales.
d) Libro de estupefacientes.

11. El acrónimo ECM relacionado con la dispensación se refiere a:

a) Enfermedad Crónica Miocárdica.
b) Especialidades Catalogadas de Medicamentos.
c) Medicamentos de Especial Control médico.
d) Nada de lo anterior es correcto.

12. ¿Qué documento se debe firmar una vez llegue el pedido y se compruebe que coincide con lo solicitado?

a) Hoja de pedido.
b) Albarán.
c) Factura.
d) Hoja de entrada.

13. Cuando la oficina de farmacia o SFH necesita algún producto, contacta con sus proveedores a través de:

a) Una llamada telefónica.
b) Un mail mediante correo electrónico.
c) Una nota de pedido.
d) Un albarán.

14. ¿Qué condiciones de estas no figuran en el pedido de una oficina de farmacia?

a) Cantidad.
b) Plazos y lugar de entrega.
c) Precios y referencia.
d) Deben ir todas las anteriores reflejadas en pedido.

15. ¿Cuál es el documento que acompaña la entrega de una mercancía?

a) Albarán.
b) Nota de pedido.
c) Factura.
d) Hoja de pedido.

16. Respecto a la fecha de vencimiento en recepción, no debe recibirse un producto que tenga:

a) Más de 2/3 partes de vida útil.
b) Menos de ¼ parte de vida útil.
c) Menos de un año para su vencimiento.
d) Nada de lo anterior es cierto.

17. ¿Qué defecto es el que puede llegar a impedir la utilización del producto?

a) Defecto grave.
b) Defecto crítico.
c) Defecto mayor.
d) Defecto menor.

18. ¿Qué medicamentos pueden alterarse en su almacenamiento por la luz de la oficina?

a) Los medicamentos que requieren frío.
b) Los que estén sobre el suelo y paredes, por humedad y luz.
c) Los medicamentos fotosensibles.
d) Todo lo anterior es cierto.

19. ¿Qué documento es fundamental en la compra-venta y base de la contabilidad?

a) Albarán.
b) Nota de pedido.
c) Hoja de entrega.
d) Factura.

20. ¿Qué plazo en días hábiles tiene el expedidor para entregar una factura al destinatario desde la entrega o devengo?

a) Un solo día.
b) 7 días hábiles.
c) 30 días hábiles.
d) 45 días hábiles.

En MADTEST tienes **más preguntas de este tema**, y todos tus avances quedan registrados y se reflejan en el ranking.

¡Supera tus límites con MADTEST!

Solución al test n.º 9

1. d) Son establecimientos sanitarios, privados y de interés público.

2. c) Adquisición/recepción, custodia, conservación y dispensación.

3. b) Recepción.

4. c) Hojas de devolución.

5. c) Tarjetas de detección de posibles reacciones adversas de los medicamentos no registradas.

6. c) De la dispensación.

7. a) Vademécum.

8. d) Recetas.

9. b) Registro de temperatura del local de la oficina de farmacia.

10. c) Registro de fórmulas magistrales.

11. c) Medicamentos de Especial Control médico.

12. b) Albarán.

13. c) Una nota de pedido.

14. d) Deben ir todas las anteriores reflejadas en pedido.

15. a) Albarán.

16. c) Menos de un año para su vencimiento.

17. b) Defecto crítico.

18. c) Los medicamentos fotosensibles.

19. d) Factura.

20. c) 30 días hábiles.

Laboratorio farmacéutico: conceptos generales. Material de uso frecuente. Equipos de laboratorio. Puesta a punto y mantenimiento de los equipamientos y de los materiales. Procedimientos de limpieza, desinfección, conservación y esterilización del material y equipos. Control de calidad de material y equipos

1. Toda persona física o jurídica que se dedique a la fabricación de especialidades farmacéuticas o cualquiera de los procesos se define como:

a) Distribuidor farmacéutico.
b) Laboratorio farmacéutico.
c) Farmacéutico.
d) Almacén farmacéutico.

2. ¿Qué legislación dispone cuáles son los requisitos que debe cumplir un solicitante para conseguir la autorización del laboratorio farmacéutico?

a) Decreto 150/2005, de 9 de marzo.
b) Real Decreto Legislativo 1/2015, de 24 de julio.
c) Real Decreto 175/2001, de 23 de febrero.
d) Ley 75/1997, de 15 de agosto.

3. Uno de los siguientes es un requisito que debe cumplir un solicitante para conseguir la autorización del laboratorio farmacéutico:

a) Detallar las formas farmacéuticas que pretenda fabricar, así como el lugar, establecimiento o laboratorio de fabricación y control.
b) Disponer de locales, equipo técnico y de controles adecuados y suficientes para una correcta fabricación, control y conservación que responda a las exigencias legales.
c) Disponer de un Director Técnico.
d) Todas son correctas.

4. El laboratorio galénico consta de:

a) Superficie lisa e impermeable, de fácil limpieza y desinfección.
b) Pila de agua potable, caliente y fría.
c) Zona diferenciada de material sucio y limpio.
d) Consta de todo lo anterior.

5. En todo laboratorio galénico es recomendable disponer de un utillaje mínimo. Señala la respuesta falsa:

a) Aparatos de medida de volumen de 0,5 a 500 ml.
b) Morteros de vidrio y porcelana.
c) Balanzas que determinen el peso de 1 g a 1 kg.
d) Sistemas de baño maría.

6. En el caso de que el laboratorio galénico elabore cápsulas dispondrá de:

a) Mezcladora.
b) Máquina de comprimir.
c) Capsuladora.
d) Todo lo anterior es correcto.

7. Si se preparan comprimidos y grageas será obligatorio poseer:

a) Bomba de grageado.
b) Mezcladora.
c) Material para su adecuado control de calidad.
d) Todo lo anterior.

8. Si el laboratorio galénico elabora preparados estériles como colirio o inyectables, no deberá disponer de:

a) Mezcladora.
b) Agua apirógena para inyección.
c) Autoclave.
d) Dardo calorífico para cerrar ampollas y pinza capsuladora para cerrar viales.

9. ¿Qué requisitos debe cumplir el material de vidrio del laboratorio?

a) Ser resistente mecánicamente frente a los ácidos y álcalis.
b) Ser resistente térmicamente.
c) Ser fabricados con vidrio carbonatado.
d) Todas son correctas.

10. El material de plástico del laboratorio presenta como principal característica:

a) Ser inerte y resistente a la temperatura.
b) Ser material de soporte.

c) Ser económico y desechable.
d) Ser resistente a elevadas temperaturas y resistente químicamente.

11. Señala qué precaución NO tomarás a la hora de trabajar con vidrio en el laboratorio:

a) No someterlo a cambios bruscos de temperatura.
b) No someterlo a cambios bruscos de presión.
c) No dejar soluciones concentradas de ácidos en vidrio de borosilicato.
d) No aplicar fuerza sobre tapones.

12. ¿Qué material de los citados a continuación utilizará el técnico/a para filtraciones al vacío con bomba de succión?

a) Bureta.
b) Matraz aforado.
c) Matraz Kitasato.
d) Vaso de precipitado.

13. Son ventajas del material de plástico frente al vidrio:

a) Alto peso molecular.
b) Resistencia frente a la rotura.
c) Que todos son termorresistentes.
d) Que son termosensibles.

14. Señala cuál es una ventaja del plástico frente al vidrio:

a) Que es más caro.
b) Que previene de contaminaciones cruzadas.
c) Que no resiste a las altas temperaturas.
d) Que presenta interacción con los compuestos químicos.

15. Señala qué desventaja posee el plástico frente al vidrio:

a) No soporta temperaturas altas sin deformarse.
b) Presenta mucha absorción y desorción.
c) Presenta interacción con los compuestos químicos.
d) Todas son desventajas.

16. ¿Qué material es el más recomendado y utilizará el Técnico/a de laboratorio para análisis gravimétrico?

a) Vidrio.
b) Plástico.
c) Porcelana.
d) Metal.

17. Señala cuál de los siguientes materiales está diseñado en porcelana:

a) Crisol.
b) Pinza de Mohr.
c) Kitasato.
d) Erlenmeyer.

18. Las Pinzas de Mohr, ¿para qué se utilizan?

a) Para sujetar vasos.
b) Para cerrar conexiones de goma.
c) Para colocar crisoles.
d) Para todo lo anterior.

19. Señala cuál de los siguientes es un material NO volumétrico:

a) Vaso de precipitado.
b) Probeta.
c) Buretas.
d) Pipetas automáticas.

20. Todo el material volumétrico del laboratorio debe estar calibrado, encontrándose material volumétrico con distinto tipo de calibración. Señala la afirmación correcta en relación con los "instrumentos calibrados para contener":

a) En este material la cantidad de líquido vertido corresponde exactamente al volumen indicado, ya que la cantidad de líquido que permanece adherido a la pared del vidrio, debido a la humectación, se ha tenido en cuenta al realizar la calibración.
b) En este material la cantidad de líquido vertido se encuentra reducida en la cantidad de líquido que permanece adherida a la pared del vidrio.
c) Suelen llevar el indicador "TD"
d) Este tipo de material suele ser pipetas y buretas.

En MADTEST tienes **más preguntas de este tema**, y todos tus avances quedan registrados y se reflejan en el ranking.

¡Supera tus límites con MADTEST!

Solución al test n.º 10

1. b) Laboratorio farmacéutico.

2. b) Real Decreto Legislativo 1/2015, de 24 de julio.

3. d) Todas son correctas.

4. d) Consta de todo lo anterior.

5. c) Balanzas que determinen el peso de 1 g a 1 kg.

6. c) Capsuladora.

7. d) Todo lo anterior.

8. a) Mezcladora.

9. b) Ser estables térmicamente.

10. c) Ser económico y desechable.

11. c) No dejar soluciones concentradas de ácidos en vidrio de borosilicato.

12. c) Matraz Kitasato.

13. b) Resistencia frente a la rotura.

14. b) Que previene de contaminaciones cruzadas.

15. d) Todas son desventajas.

16. c) Porcelana.

17. a) Crisol.

18. b) Para cerrar conexiones de goma.

19. a) Vaso de precipitado.

20. b) En este material la cantidad de líquido vertido se encuentra reducida en la cantidad de líquido que permanece adherida a la pared del vidrio.

**Operaciones farmacéuticas básicas: Conceptos generales.
Pesada con balanzas electrónicas de precisión. División de sólidos.
Tamizado. Homogeneización de componentes. Extracción mediante
disolventes. Destilación. Evaporación. Pulverización. Tamización.
Mezcla. Desecación. Liofilización. Filtración. Granulación.
Esterilización. Sistemas dispersos homogéneos: disoluciones.
Sistemas dispersos heterogéneos: emulsiones,
suspensiones y aerosoles**

1. ¿Cómo se denomina el proceso por el cual un líquido es transformado en vapor mediante variaciones de temperatura y/o presión?

a) Destilación.
b) Pulverización.
c) Evaporación.
d) Extracción.

2. Una de las siguientes no es una operación de naturaleza física:

a) Secado.
b) Fusión.
c) Filtración.
d) Solidificación.

3. La destilación es el proceso por el cual:

a) Se transforma un líquido en vapor para después condensar este y recoger la forma líquida.
b) Es simplemente el paso de líquido a vapor.
c) Es simplemente el paso de sólido a líquido.
d) Ninguna es cierta.

4. Para que un agua destilada no pierda sus propiedades organolépticas, las plantas se conservarán en:

a) Frasco de tapón esmerilado.
b) Frasco estéril.
c) Se colocará en sitio fresco y oscuro.
d) Todas son correctas.

5. Las aguas que emergen espontáneamente, y son útiles en el lugar donde emergen y conservan sus efectos después de ser envasadas se denominan:

a) Aguas bicarbonatadas.
b) Agua mineromedicinales.
c) Aguas minerales naturales.
d) Aguas de manantial.

6. El procedimiento más rápido, cómodo y limpio para separar un sólido en suspensión con un líquido es:

a) Decantación.
b) Filtración.
c) Centrifugación.
d) Ninguna de las anteriores.

7. ¿Cómo se denomina la operación que consiste en reducir a vapor una sustancia sólida, para después recoger estos vapores y volverlos a transformar en sustancia sólida de manera directa, es decir, sin pasar por el estado líquido?

a) Liofilización.
b) Fusión.
c) Sublimación.
d) Destilación.

8. ¿Qué operación previa realizaremos en la oficina de farmacia para eliminar la mayor parte de agua que existe en la sustancia medicamentosa?

a) Sublimación.
b) Mondación.
c) Desecación.
d) Liofilización.

9. Un emulgente anfótero:

a) Tiene carga negativa.
b) Tiene carga positiva.
c) Su carga depende del pH.
d) No presenta carga.

10. Un emulgente no iónico:

a) Tiene carga negativa.
b) Tiene carga positiva.
c) Su carga depende del pH.
d) No presenta carga.

11. Dentro de las operaciones de naturaleza física que se realizan en la preparación de las formas farmacéuticas no encontramos:

a) Evaporación.
b) Separación.
c) Destilación.
d) Fusión.

12. ¿Qué operación aplicada en farmacia sirve para separar de una solución la sustancia disuelta, o bien concentrar una solución eliminando parte de su disolvente?

a) Extracción.
b) Destilación.
c) Evaporación.
d) Diálisis.

13. Son sistemas de secado utilizados en la preparación de las formas farmacéuticas:

a) Secadores al aire libre.
b) Armarios o estufas de desecación.
c) Túneles de desecado.
d) Todos son sistemas de secado utilizados.

14. La destilación es una operación:

a) Que consiste en calentar un producto hasta que su tensión de vapor sobrepasa la presión atmosférica, con lo cual el líquido hervirá y los vapores se conducirán a un recinto de paredes frías para condensarse.
b) Es una técnica de separación de mezclas de líquidos.
c) Es una técnica de separación de líquidos con impurezas, para obtener líquidos de alto grado de pureza.
d) Todas son correctas.

15. Los aparatos destinados a destilar un líquido se denominan:

a) Sifones.
b) Alambiques.
c) Tamices.
d) Condensadores.

16. La Farmacopea Española define las aguas destiladas como:

a) Preparados medicinales obtenidos destilando en corriente de vapor de agua diversos materiales susceptibles de formar principios volátiles.
b) Preparados obtenidos primero dividiendo la droga y después macerándola antes de la destilación.
c) Aguas que se obtienen por destilación y que tienen una acción favorable fisiológicamente sin llegar a ser terapéuticas.
d) Aguas terapéuticas.

17. La temperatura de maceración es de:

a) 15°-35 °C.
b) 35°-65 °C.
c) 90°-100 °C.
d) Más de 100 °C.

18. La operación que consiste en mantener en contacto a temperatura ordinaria y durante un tiempo variable una cantidad determinada de la sustancia machacada se denomina:

a) Percolación.
b) Lixiviación.
c) Digestión.
d) Maceración.

19. La operación que consiste en mantener a una temperatura de 55 °C y durante un tiempo variable una cantidad determinada de la sustancia machacada se denomina:

a) Percolación.
b) Lixiviación.
c) Infusión.
d) Digestión.

20. Si se pretende extraer la mayor parte de los principios solubles contenidos en las drogas animales o vegetales se empleará:

a) Percolación.
b) Maceración.
c) Infusión.
d) Digestión.

En MADTEST tienes **más preguntas de este tema**, y todos tus avances quedan registrados y se reflejan en el ranking.

¡Supera tus límites con MADTEST!

Solución al test n.º 11

1. c) Evaporación.

2. c) Filtración.

3. a) Se transforma un líquido en vapor para después condensar este y recoger la forma líquida.

4. d) Todas son correctas.

5. b) Agua mineromedicinales.

6. c) Centrifugación.

7. c) Sublimación.

8. c) Desecación.

9. c) Su carga depende del pH.

10. d) No presenta carga.

11. b) Separación.

12. c) Evaporación.

13. d) Todos son sistemas de secado utilizados.

14. d) Todas son correctas.

15. b) Alambiques.

16. a) Preparados medicinales obtenidos destilando en corriente de vapor de agua diversos materiales susceptibles de formar principios volátiles.

17. a) 15º-35 ºC.

18. d) Maceración.

19. d) Digestión.

20. a) Percolación.

TEST N.º 12

Fórmulas magistrales y preparados oficinales: conceptos generales. Normas de correcta elaboración y control de la calidad. Abreviaturas utilizadas en formulación magistral. Formulario Nacional. Materias primas. Excipientes de uso más frecuente en farmacia galénica. Ensayos para el reconocimiento y control de calidad de materias primas. Ensayos y control de calidad de fórmulas magistrales y preparados oficinales. Envases para formas farmacéuticas: tipos, usos y simbología. Envasado y etiquetado. Identificación, conservación y registro de fórmulas magistrales y preparados oficinales. Material de laboratorio. Funciones del Técnico de Farmacia en el laboratorio

1. Son funciones de la unidad de Farmacotecnia las siguientes excepto una; indica cuál:

a) Preparación de fórmulas que están disponibles en el comercio. b) Proporcionar en todo momento formas de dosificación adecuadas a las necesidades específicas del hospital.

c) Operaciones de reenvasado de especialidades para su adecuación a los sistemas de distribución propios del hospital.

d) Elaboración y control de formulaciones normalizadas y extemporáneas.

2. Con relación a la elaboración y control de diversas formas farmacéuticas, ¿cuál es la afirmación incorrecta?

a) El Técnico de Farmacia deberá conocer las técnicas fundamentales de análisis de los medicamentos.

b) El Técnico de Farmacia debe señalar toda anomalía y constatar las posibles faltas de conformidad con el procedimiento de elaboración.

c) El Técnico de Farmacia tiene la responsabilidad sobre las preparaciones que se realizan en el servicio farmacéutico.

d) El Técnico de Farmacia debe conocer las técnicas de envasado e identificación de los medicamentos en el hospital.

3. Señala la respuesta correcta. La elaboración de cualquier preparado y bajo supervisión directa del farmacéutico puede hacerla:

a) El Farmacéutico.
b) El Técnico de Farmacia.
c) Un DUE.
d) Todas son correctas.

4. El Técnico de Farmacia:

a) Establecerá las condiciones higiénicas del personal.
b) Elaborará las fórmulas tipificadas, preparados oficinales y preparaciones estériles.
c) Se ocupará de la calibración de equillos y aparatos de medida.
d) Se encargará del reenvasado de sólidos y líquidos.

5. Según el Real Decreto 175/2001, se establece que:

a) Las materias primas utilizadas en la preparación de fórmulas magistrales y preparados oficinales deben ser sustancias de acción e indicación reconocidas legalmente en España.
b) Existen determinados requisitos de eficacia, seguridad, calidad, identificación correcta e información debida del medicamento.
c) Las materias primas pueden ser seleccionadas por el Farmacéutico responsable siempre que cumplan el control de calidad.
d) Los procedimientos de elaboración son funciones del Farmacéutico responsable.

6. Un lote de materia prima con la referencia C/2/2011, indica que se trata de:

a) Un medicamento elaborado en febrero de 2011.
b) Un coadyuvante elaborado en febrero de 2011.
c) Un medicamento de segunda entrada en 2011.
d) Un coadyuvante de segunda entrada en 2011.

7. La unidad de mezclas intravenosas:

a) Debe contar con un espacio reservado para la lectura y redacción de documentos en el que se encuentre a mano toda la documentación reglamentaria.
b) Debe evitar los mecanismos de filtración de aire para evitar la contaminación de muestras.
c) Debe estar aislada del resto del servicio de farmacia.
d) Se utilizarán cabinas de seguridad de flujo laminar tipo I.

8. Señala la respuesta errónea. Los citostáticos tienen características específicas:

a) Carcinógenas.
b) Teratógenas.
c) Mutágenas.
d) Colinérginas.

9. La ficha de control de calidad de materias primas debe contener los siguientes datos, excepto uno; indica cuál:

a) Descripciones detalladas de las técnicas utilizadas.
b) Número de lote.
c) Farmacéutico responsable.
d) Número de control de estocaje.

10. Para la preparación de hidrogeles será necesario contar con:

a) Agitador mecánico de velocidad regulable.
b) Microondas o fuente calefactora.
c) Tamizadora oscilante.
d) PH-metro.

11. En la elaboración de formulaciones normalizadas, las características de fabricación del lote de tamaño estándar se designarán con las siglas:

a) OT.
b) MC.
c) FM.
d) PO.

12. Como mínimo, el servicio de Farmacotecnia deberá producir, con niveles adecuados de calidad:

a) Cápsulas gelatinosas rígidas.
b) Citostáticos.
c) Colirios.
d) Enemas.

13. Cuando se prescribe una fórmula magistral:

a) Se elabora directamente.
b) Se ponen en cuarentena los productos.
c) El farmacéutico responsable validará la fórmula.
d) Se le asignará una referencia que indicará el número de lote y la fecha de caducidad

14. La manipulación de citostáticos se debe realizar:

a) En cabinas de seguridad biológica de flujo laminar horizontal.
b) En cabinas de seguridad biológica de flujo laminar vertical.
c) En cabinas de seguridad biológica de flujo laminar alterno.
d) En cabinas de seguridad biológica de flujo laminar difuso.

15. De las siguientes recomendaciones en el caso de citotóxicos para administrar por vía intravenosa, ¿cuál es incorrecta?

a) Conectar el equipo de infusión adecuado a la solución intravenosa dentro de la cabina de flujo laminar.
b) Medir la densidad de la solución intravenosa.
c) Purgar el equipo con la solución intravenosa antes de añadir el medicamento.
d) Las jeringas y los equipos de infusión deben tener conexiones Luer-lock.

16. Las normas de higiene del personal del laboratorio incluyen las siguientes condiciones excepto una, indique cuál:

a) Prohibición de comer, fumar o mascar chicle.
b) Empleo de ropa específica en función de la fórmula magistral a preparar.
c) Separación temporal de la preparación de personas afectadas por lesiones en la piel o afecciones que impliquen algún riesgo.
d) Protección especial (mascarilla y guantes, si fuera adecuado su uso) para los rayos ultravioletas.

17. ¿Qué documentos reglamentarios deben encontrarse en el Área de Servicio de Farmacia?

a) La Real Farmacopea Española y el Formulario Nacional.
b) El Registro de Dispensaciones de Fórmulas Magistrales y la Real Farmacopea Española.
c) El Vademécum y el Formulario Nacional.
d) El Catálogo de Especialidades y el Vademécum.

18. Un hospital puede utilizar fórmulas que no estén recogidas en el Formulario Nacional siempre que:

a) Sean utilizadas para uso individualizado de un paciente concreto.
b) No, los hospitales no pueden utilizar fórmulas que no estén en el Formulario Nacional.
c) Sean aprobadas por Comisión de Farmacia y Terapéutica.
d) Sean publicadas en el Vademécum en próximas ediciones.

19. ¿Qué característica fundamental define a las formas farmacéuticas parenterales?

a) Están identificadas de manera individualizada por paciente.
b) Son suspensiones.
c) Son estériles.
d) Son emulsiones.

20. Indica la respuesta incorrecta. Según el RD 175/2001 referente al área de trabajo, se contará con:

a) Fregadero con agua fría y caliente.
b) Frigorífico con termómetro con temperatura máxima y mínima.
c) Congelador para productos que requieran temperaturas por debajo de los 0 ºC.
d) Soporte horizontal que evite las vibraciones.

En MADTEST tienes **más preguntas de este tema**, y todos tus avances quedan registrados y se reflejan en el ranking.

¡Supera tus límites con MADTEST!

Solución al test n.º 12

1. a) Preparación de fórmulas que están disponibles en el comercio.

2. c) El Técnico de Farmacia tiene la responsabilidad sobre las preparaciones que se realizan en el servicio farmacéutico.

3. b) El Técnico de Farmacia.

4. b) Elaborará las fórmulas tipificadas, preparados oficinales y preparaciones estériles.

5. a) Las materias primas utilizadas en la preparación de fórmulas magistrales y preparados oficinales deben ser sustancias de acción e indicación reconocidas legalmente en España.

6. d) Un coadyuvante de segunda entrada en 2011.

7. c) Debe estar aislada del resto del servicio de farmacia.

8. d) Colinérginas.

9. d) Número de control de estocaje.

10. a) Agitador mecánico de velocidad regulable.

11. a) OT.

12. a) Cápsulas gelatinosas rígidas.

13. c) El farmacéutico responsable validará la fórmula.

14. b) En cabinas de seguridad biológica de flujo laminar vertical.

15. b) Medir la densidad de la solución intravenosa.

16. d) Protección especial (mascarilla y guantes, si fuera adecuado su uso) para los rayos ultravioletas.

17. a) La Real Farmacopea Española y el Formulario Nacional.

18. c) Sean aprobadas por Comisión de Farmacia y Terapéutica.

19. c) Son estériles.

20. c) Congelador para productos que requieran temperaturas por debajo de los 0 ºC.

Seguridad y prevención de riesgos en el laboratorio de farmacia. Riesgos biológicos. Riesgos químicos. Riesgos físicos

1. Una norma básica de conducta del personal del laboratorio es:

a) Llevar las batas y ropa de trabajo desabrochadas.
b) Procurar que las mangas sean anchas.
c) Trabajar separado de la mesa o la poyata.
d) Lavarse las manos cada vez que se tenga contacto con algún producto químico.

2. En la utilización de productos y materiales en el laboratorio se recomienda:

a) Tomar los tubos de ensayo con los dedos, nunca con la mano.
b) Para el encendido de los mecheros Bunsen emplear preferentemente cerillas de fósforo.
c) Llevar los productos químicos en los bolsillos de las batas.
d) Calentar los tubos de ensayo frontalmente.

3. Una recomendación básica en caso de quemadura térmica es:

a) Aplicar pomada a la piel.
b) Dar abundante agua para beber.
c) Romper las ampollas.
d) Tapar la parte quemada con ropa limpia.

4. El documento que elabora el fabricante de una sustancia o mezcla química para informar de sus riesgos, se llama:

a) Libro Técnico de Riesgos.
b) Ficha de Datos de Seguridad.
c) Libro de Instrucciones.
d) Nota Técnica de Prevención.

5. ¿En cuántas secciones se ordena la información de una Ficha de Datos de Seguridad, según el Reglamento REACH?

a) 5 secciones.
b) 16 secciones.
c) 21 secciones.
d) 32 secciones.

6. En el etiquetado de un producto de limpieza, las palabras que indican el nivel relativo de gravedad de los peligros para alertar al consumidor de la existencia de un peligro potencial, se denominan:

a) Palabras de advertencia.
b) Consejos de prudencia.
c) Pictogramas.
d) Frases R.

7. El Real Decreto 664/1997, de 12 de mayo, sobre la protección de los trabajadores contra los riesgos relacionados con la exposición a agentes biológicos durante el trabajo clasifica como agente biológico del grupo 2:

a) Aquel que resulta poco probable que cause una enfermedad en el hombre.
b) Aquel que causando una enfermedad grave en el hombre supone un serio peligro para los trabajadores, con muchas probabilidades de que se propague a la colectividad y sin que exista generalmente una profilaxis o un tratamiento eficaz.
c) Aquel que puede causar una enfermedad grave en el hombre y presenta un serio peligro para los trabajadores, con riesgo de que se propague a la colectividad y existiendo generalmente una profilaxis o tratamiento eficaz.
d) Aquel que puede causar una enfermedad en el hombre y puede suponer un peligro para los trabajadores, siendo poco probable que se propague a la colectividad y existiendo generalmente profilaxis o tratamiento eficaz.

8. Proceso de colonización y multiplicación de un agente biológico en un organismo vivo, ya sea tejido, líquido corporal o en la superficie de la piel o de las mucosas, pudiendo causar una enfermedad:

a) Alergia.
b) Toxicidad.
c) Infección.
d) Envenenamiento.

9. ¿Cómo se denominan los efectos de una radiación que dependen de la dosis recibida y del tiempo de exposición?

a) Efectos estocásticos.
b) Efectos idiosincrásicos.
c) Efectos antineoplásicos.
d) Efectos deterministas.

10. Respecto a trabajos en laboratorios realizados sin vigilancia es falso que:

a) Se lleven a cabo cuando el proceso que se realiza no se puede concluir dentro del horario normal de trabajo.
b) Se quedará de guardia una de las personas responsables del laboratorio.
c) Se deja en marcha sin vigilancia hasta el día siguiente.
d) Se deja en marcha sin vigilancia hasta el siguiente turno.

11. Son normas generales para la reducción del riesgo en el almacenamiento de los productos químicos en un laboratorio:

a) Mantener el *stock* al mínimo operativo.
b) Disponer de un lugar específico (almacén) señalizado.
c) Comprobar el etiquetado de los productos.
d) Todas son correctas.

12. ¿Cuál no es una característica de los residuos de laboratorio?

a) Se generan en grandes cantidades.
b) Presentan gran variabilidad.
c) Tienen una elevada peligrosidad.
d) No suelen estar adecuadamente envasados, identificados o almacenados.

13. ¿En qué principios debe basarse la gestión de los residuos de laboratorio?

a) Tratamiento y eliminación segura.
b) Minimización.
c) Reutilización.
d) En todos ellos.

14. Si la contaminación de la atmósfera tras un accidente/incidente en el laboratorio es débil debemos actuar:

a) Evacuando al personal del local.
b) Activar el sistema de emergencia.
c) Abrir todas las ventanas.
d) Avisar al equipo de intervención.

15. Si se produce una salpicadura en el ojo durante el trabajo con sustancias en laboratorios deberemos lavarlo inmediatamente con el lavaojos durante:

a) 1 a 2 minutos.
b) 2 a 4 minutos.
c) 10 a 15 minutos.
d) 15 a 20 minutos.

16. Ante una electrocución que es lo primero que debemos de hacer:

a) Activar el PAS.
b) Hacer la reanimación cardiorrespiratoria si es preciso.
c) Cortar la corriente eléctrica del aparato que causó el accidente.
d) Suministar bebida para activar su respiración.

17. Ante una quemadura térmica debemos:

a) Aplicar un desinfectante a la piel quemada.
b) Aplicar una pomada a la piel quemada.
c) Enfriar al accidentado.
d) No romper las ampollas de la quemadura.

18. Ante una quemadura térmica debemos:

a) No aplicar nada en la piel.
b) Aplicar una pomada a la piel quemada.
c) Enfriar al accidentado.
d) Romper las ampollas de la quemadura.

19. ¿Qué se utiliza para la absorción de un tóxico ingerido?

a) Carbón activo.
b) Agua albuminosa.
c) Café.
d) Las opciones a) y b) son correctas.

20. Organismos unicelulares o pluricelulares que desarrollan parte o todo su ciclo vital en el interior de uno o varios huéspedes:

a) Endoparásito humano.
b) Cultivo celular.
c) Microorganismos modificados genéticamente.
d) Bacterias.

En MADTEST tienes **más preguntas de este tema**, y todos tus avances quedan registrados y se reflejan en el ranking.

¡Supera tus límites con MADTEST!

Solución al test n.º 13

1. d) Lavarse las manos cada vez que se tenga contacto con algún producto químico.

2. a) Tomar los tubos de ensayo con los dedos, nunca con la mano.

3. d) Tapar la parte quemada con ropa limpia.

4. b) Ficha de Datos de Seguridad.

5. b) 16 secciones.

6. a) Palabras de advertencia.

7. d) Aquel que puede causar una enfermedad en el hombre y puede suponer un peligro para los trabajadores, siendo poco probable que se propague a la colectividad y existiendo generalmente profilaxis o tratamiento eficaz.

8. c) Infección.

9. a) Efectos estocásticos.

10. b) Se quedará de guardia una de las personas responsables del laboratorio.

11. d) Todas son correctas.

12. a) Se generan en grandes cantidades.

13. d) En todos ellos.

14. c) Abrir todas las ventanas.

15. d) 15 a 20 minutos.

16. c) Cortar la corriente eléctrica del aparato que causó el accidente.

17. d) No romper las ampollas de la quemadura.

18. a) No aplicar nada en la piel.

19. d) Las opciones a) y b) son correctas.

20. a) Endoparásito humano.

TEST N.º 14

Formas farmacéuticas y vías de administración de los medicamentos: conceptos generales. Vías de administración de medicamentos: oral, tópica, parenteral, respiratoria, rectal, vaginal, uretral, oftálmica y ótica. Formas farmacéuticas según la vía de administración

1. ¿Cuál no es un objetivo del diseño de las formas farmacéuticas?

a) Posibilitar su administración de manera segura, por la vía más adecuada, en la dosis exacta y de la forma menos desagradable para el paciente.
b) Asegurar una heterogeneidad de dosis en las distintas unidades.
c) Dirigir el principio activo a su diana.
d) Proteger el principio activo de agentes ambientales (humedad, calor, etc.) y/o fisiológicos (jugos gástricos).

2. ¿Cómo se clasifican las formas farmacéuticas?

a) En función del modo de liberación.
b) En función de su vía de administración.
c) En función del estado físico en que se encuentran.
d) Todas son correctas.

3. Son formas farmacéuticas de liberación prolongada:

a) Son aquellas en las que el principio activo se libera de forma constante, minimizando así la fluctuación de sus niveles en plasma.
b) Son aquellas cuyo principio activo se libera inicialmente en cantidad suficiente para producir su efecto. Después, la liberación se realiza de manera más lenta, pero no constante, de modo que los niveles de fármaco en plasma varían dentro de la zona terapéutica y la acción se prolonga durante más tiempo.
c) Son aquellas en las que el principio activo se libera tras un periodo de tiempo después de su administración, en el momento en el que la forma farmacéutica alcanza el lugar donde se pretende que se inicie su acción.
d) Son aquellas en las que el principio activo se libera de manera inmediata, nada más contactar con una solución acuosa.

4. Son formas farmacéuticas de liberación retardada:

a) Son aquellas en las que el principio activo se libera de manera inmediata, nada más contactar con una solución acuosa.

b) Son aquellas en las que el principio activo se libera de forma constante, minimizando así la fluctuación de sus niveles en plasma.

c) Son aquellas en las que la liberación del principio activo se produce de forma secuencial, primero una dosis, y tras un intervalo de tiempo, las siguientes.

d) Son aquellas en las que el principio activo se libera tras un periodo de tiempo después de su administración, en el momento en el que la forma farmacéutica alcanza el lugar donde se pretende que se inicie su acción.

5. Las formas farmacéuticas líquidas que se administran por vía oral, pueden ser:

a) Disoluciones.

b) Emulsiones.

c) Suspensiones.

d) Todas son correctas.

6. Señala lo incorrecto en relación con las formas farmacéuticas líquidas administradas por vía parenteral:

a) Son formas farmacéuticas estériles.

b) Pirógenas.

c) Destinadas a su administración por inyección o perfusión.

d) Las perfusiones son disoluciones o emulsiones acuosas.

7. Las preparaciones inyectables (señala lo incorrecto):

a) No pueden ser emulsiones.

b) Son límpidas.

c) Están constituidas por uno o más principios activos.

d) Pueden ser disoluciones o suspensiones (límpidas).

8. Los colirios (señala lo falso):

a) Son disoluciones o suspensiones estériles, acuosas u oleosas.

b) No pueden presentar más de un principio activo.

c) Se presentan en envases unidosis o multidosis.

d) El volumen máximo del envases es 10 ml.

9. De los siguientes enunciados uno es correcto sobre las gotas y aerosoles nasales:

a) Son disoluciones, emulsiones o suspensiones destinadas a su pulverización en las fosas nasales.

b) Las gotas nasales se suministran habitualmente en envases multidosis que presentan un aplicador adecuado.

c) Los aerosoles nasales líquidos se suministran en envases provistos de un dispositivo pulverizador, o en envases a presión dotados de un adaptador adecuado, con o sin válvula dosificadora.

d) Todas son correctas.

10. Los enemas (señala lo incorrecto):

a) Se utilizan para obtener un efecto terapéutico local.

b) Se utilizan para obtener un efecto terapéutico sistémico.

c) Se utilizan con fines diagnósticos.

d) Se utilizan con fines etiológicos.

11. ¿Qué forma farmacéutica semisólida está constituida por una base grasa que contiene el principio activo y en la que se pueden dispersar sustancias sólidas o líquidas?

a) Pomadas.

b) Cremas.

c) Geles.

d) Pastas.

12. ¿Qué forma farmacéutica semisólida sirve para aplicación cutánea y contiene una proporción elevada de sólidos dispersos en la base?

a) Pastas.

b) Cremas.

c) Geles.

d) Pomadas.

13. Uno de los siguientes NO es una forma farmacéutica solida de vía parenteral:

a) Implantes.

b) Pellets.

c) Parches.

d) Polvos para preparaciones inyectables.

14. Las preparaciones sólidas constituidas por una cubierta gelatinosa de forma y capacidad variables que generalmente contiene una única dosis de uno o más principios activos se denominan:

a) Comprimidos.

b) Cápsulas.

c) Gomas de mascar.

d) Granulados.

15. Los parches transdérmicos:

a) Son preparaciones flexibles de tamaño variable.
b) Se aplican sobre piel intacta, limpia y seca.
c) Sus principios activos deben atravesar la barrera cutánea.
d) Todas son correctas.

16. Señala lo correcto en relación con los óvulos vaginales:

a) Preparaciones unidosis alargadas, lisas y de aspecto exterior uniforme. Contienen uno o varios principios activos que pueden ser solubles o dispersables en agua o que pueden fundir a la temperatura corporal.

b) Se presentan en formas farmacéuticas unidosis, generalmente ovoides, de volumen y consistencia adecuados. Pueden contener uno o más principios activos dispersados o disueltos en una base apropiada que puede ser soluble o dispersable en agua o puede fundirse a la temperatura corporal.

c) Preparaciones unidosis destinadas a la administración por vía vaginal y constituidas por uno o más principios activos que se obtienen aglomerando un volumen constante de partículas por compresión.

d) Preparaciones unidosis que se disuelven o dispersan en agua en el momento de su administración por vía vaginal.

17. Las formas farmacéuticas gaseosas se aplican sobre:

a) La piel.
b) Las mucosas.
c) Las vías respiratorias.
d) Todas son correctas.

18. ¿Qué forma farmacéutica gaseosa contienen soluciones o dispersiones de un principio activo en un envase a presión. La liberación del principio activo se produce por la acción de un agente impulsor que puede ser un gas comprimido o licuado?

a) Brumas.
b) Aerosoles.
c) Nebulizadores.
d) Presurizador.

19. Existen dos vías de administración de medicamentos:

a) Indirectas o mediatas.
b) Directa o parenteral.
c) Directa o inmediatas.
d) Indirectas o directas.

20. No es una vía mediata:

a) Bucal.
b) Transdérmica.
c) Subcutánea.
d) Inhalatoria.

En MADTEST tienes **más preguntas de este tema**, y todos tus avances quedan registrados y se reflejan en el ranking.

¡Supera tus límites con MADTEST!

Solución al test n.º 14

1. b) Asegurar una heterogeneidad de dosis en las distintas unidades.

2. d) Todas son correctas.

3. b) Son aquellas cuyo principio activo se libera inicialmente en cantidad suficiente para producir su efecto. Después, la liberación se realiza de manera más lenta, pero no constante, de modo que los niveles de fármaco en plasma varían dentro de la zona terapéutica y la acción se prolonga durante más tiempo.

4. d) Son aquellas en las que el principio activo se libera tras un periodo de tiempo después de su administración, en el momento en el que la forma farmacéutica alcanza el lugar donde se pretende que se inicie su acción.

5. d) Todas son correctas.

6. b) Pirógenas.

7. a) No pueden ser emulsiones.

8. b) No pueden presentar más de un principio activo.

9. d) Todas son correctas.

10. d) Se utilizan con fines etiológicos.

11. a) Pomadas.

12. a) Pastas.

13. c) Parches.

14. b) Cápsulas.

15. d) Todas son correctas.

16. b) Se presentan en formas farmacéuticas unidosis, generalmente ovoides, de volumen y consistencia adecuados. Pueden contener uno o más principios activos dispersados o disueltos en una base apropiada que puede ser soluble o dispersable en agua o puede fundirse a la temperatura corporal.

17. d) Todas son correctas.

18. b) Aerosoles.

19. d) Indirectas o directas.

20. c) Subcutánea.

Medicamentos: definiciones y tipos. Clasificación anatómica, terapéutica y química. Generalidades: Mecanismo de acción y efectos. Definiciones y tipos. Especialidades farmacéuticas genéricas (EFG), Especialidades farmacéuticas publicitarias (EFP), estupefacientes y psicotropos, medicamentos en situaciones especiales: medicamentos extranjeros, uso compasivo o utilizados en condiciones no establecidas en su ficha técnica. Medicamentos de especial control médico. Medicamentos de diagnóstico hospitalario y uso hospitalario. Muestras para investigación clínica. Etiquetado, prospecto y ficha técnica. Aplicaciones informáticas de bases de datos del medicamento

1. Uno de los siguientes no es un medicamento especial biológico:

a) Vacunas.
b) Sueros.
c) Insulinas.
d) Hemoderivados.

2. Sobre los productos farmacéuticos, señala la respuesta incorrecta:

a) Es cualquier producto del sector farmacéutico pudiendo estar patentado o no.
b) Engloba las los productos higiénicos.
c) Engloba a los productos dietéticos.
d) Engloba a los efectos sus accesorios.

3. Podemos clasificar los medicamentos de diferentes maneras según la finalidad que se persiga; señala cual cuál no es una clasificación útil:

a) Según la propiedad de la patente.
b) Según la financiación del SNS.

c) Según las condiciones de dispensación.
d) Todas son correctas.

4. Un medicamento original es:

a) Medicamentos fabricados por laboratorios que obtienen la licencia para fabricarlos, cedida por el laboratorio que ha hecho el desarrollo del producto y que tiene la patente del mismo.
b) Medicamentos que aparecen en el mercado una vez caducada la patente de los medicamentos originales.
c) Medicamentos desarrollados en el laboratorio que los comercializa. Tienen patente y dura cierto tiempo, y cuando se caduca la patente cualquier laboratorio puede fabricar estos medicamentos.
d) Todo medicamento que tenga la misma composición cualitativa y cuantitativa en principio activo y la misma fórmula farmacéutica, y cuya bioequivalencia con el medicamento de referencia haya sido demostrada por estudios adecuados de biodisponibilidad.

5. Los requisitos específicos de la autorización de medicamentos genéricos se regulan en:

a) Real Decreto 1705/1998.
b) Real Decreto 225 /2010.
c) Real Decreto 1345/2007.
d) Real Decreto 900/2000.

6. Señala cuál es un medicamento sujeto a prescripción médica:

a) De dispensación renovable y no renovable.
b) De dispensación restringida.
c) De prescripción especial.
d) Todas son correctas.

7. Sobre los medicamentos sujetos a prescripción médica señala lo incorrecto:

a) La prescripción médica se lleva a cabo mediante receta o no.
b) Se identifican por la leyenda "medicamento sujeto a prescripción médica".
c) Presentan símbolo "O" en su etiquetaje.
d) Algunos tienen características especiales que se identifican en el etiquetado.

8. Señala el enunciado correcto sobre los medicamentos de dispensación renovable:

a) Son los utilizados en tratamientos de larga duración.
b) El plazo máximo de duración del tratamiento que puede ser prescrito en una receta es de 1 año si la prescripción se realiza en papel.

c) El plazo máximo de duración del tratamiento que puede ser prescrito en una receta es de 6 meses de duración si la prescripción se realiza en receta electrónica.

d) Se identifica con las siglas MDR en su embalaje.

9. Señala cuál no es un medicamento de dispensación restringida:

a) Medicamentos de uso hospitalario.
b) Medicamentos de diagnóstico hospitalario.
c) Medicamentos TLD.
d) Medicamentos de especial control médico.

10. Todas las especialidades farmacéuticas psicotrópicas (sustancia del anexo I), que requieren receta médica para su dispensación llevan rotulado en el cartonaje, junto a su código nacional:

a) Un círculo negro.
b) Un círculo de fondo blanco.
c) Un círculo de fondo blanco dividido por una franja negra vertical.
d) Medio círculo de fondo negro y el otro medio de fondo blanco.

11. La parte de la farmacología que estudia mecanismos de acción y efectos de los fármacos en el organismo animal se denomina:

a) Farmacoterapéutica.
b) Farmacognosia.
c) Farmacodinámica.
d) Patogenia.

12. El estudio y características físico-químicas de las materias primas o principios activos de origen biológicos destinadas a la preparación de un fármaco, se denomina:

a) Farmacocinética.
b) Farmacognosia.
c) Farmacoterapia.
d) Farmacotecnología.

13. El tratamiento etiológico es el que:

a) Pretende combatir la causa de la enfermedad.
b) Pretende bloquear el mecanismo patológico de una alteración fisiológica.
c) Está encaminado a definir una enfermedad.
d) Alivia los síntomas.

14. ¿Qué ciencia engloba todos los procesos técnicos de la elaboración de medicamentos, así como los analíticos y de control de calidad del producto acabado?

a) Farmacodinamia.
b) Farmacotecnia.
c) Farmacia galénica.
d) Las respuestas b) y c) son correctas.

15. Los factores que determinan el grado de absorción de un fármaco no incluyen:

a) La capacidad del fármaco para cruzar las membranas biológicas.
b) La vía de administración.
c) La capacidad de biotransformación del fármaco.
d) La solubilidad del fármaco.

16. ¿Qué evolución sigue un fármaco una vez administrado?

a) Liberación, distribución, biotransformación, absorción y eliminación.
b) Absorción, liberación, metabolización, distribución y eliminación.
c) Liberación, absorción, distribución, metabolización y eliminación.
d) Liberación, absorción, distribución, metabolización, eliminación y biotransformación.

17. Un fármaco se ha liberado cuando:

a) Se ha disuelto en el lugar de absorción.
b) Ha pasado al torrente sanguíneo.
c) Se ha unido a su receptor específico.
d) Se difunde a través del plasma.

18. ¿Cuál de las siguientes opciones define mejor el concepto de distribución en farmacología?

a) Es el tiempo que transcurre desde que el fármaco pasa al torrente sanguíneo hasta que deja de tener efecto.
b) Es el proceso de transporte del fármaco desde su lugar de absorción hasta el órgano diana.
c) Es el proceso por el cual un fármaco es trasladado desde el sitio de administración hasta la sangre.
d) Es la velocidad a la que una determinada droga se une a las proteínas que le permitirán introducirse dentro de la célula.

19. ¿Cómo viajan los fármacos por la sangre?

a) Libremente.
b) Unidos a proteínas plasmáticas como la albúmina.

c) Unidos a algunas proteínas específicas.

d) Todas son correctas.

20. Respecto a la excreción/eliminación de un fármaco, señala la respuesta incorrecta:

a) La eliminación urinaria se realiza a favor de los siguientes mecanismos: filtración glomerular, secreción tubular y reabsorción tubular.

b) La excreción biliar de fármacos permite su reabsorción a nivel intestinal.

c) Cuanto mayor sea el aclaramiento renal del fármaco, mayor será su velocidad de desaparición del plasma.

d) Por orden decreciente de importancia, las vías de eliminación de los fármacos son las siguientes: urinaria, sudor, leche, biliar-entérica, saliva y epitelios descamados.

En MADTEST tienes **más preguntas de este tema**, y todos tus avances quedan registrados y se reflejan en el ranking.

¡Supera tus límites con MADTEST!

Solución al test n.º 15

1. b) Suero.

2. a) Es cualquier producto del sector farmacéutico pudiendo estar patentado o no.

3. d) Todas son correctas.

4. c) Medicamentos desarrollados en el laboratorio que los comercializa. Tienen patente y dura cierto tiempo, y cuando se caduca la patente cualquier laboratorio puede fabricar estos medicamentos.

5. c) Real Decreto 1345/2007.

6. d) Todas son correctas.

7. a) La prescripción médica se lleva a cabo mediante receta o no.

8. a) Son los utilizados en tratamientos de larga duración.

9. c) Medicamentos TLD.

10. d) Medio círculo de fondo negro y el otro medio de fondo blanco.

11. c) Farmacodinámica.

12. b) Farmacognosia.

13. a) Pretende combatir la causa de la enfermedad.

14. d) Las respuestas b) y c) son correctas.

15. c) La capacidad de biotransformación del fármaco.

16. c) Liberación, absorción, distribución, metabolización y eliminación.

17. a) Se ha disuelto en el lugar de absorción.

18. b) Es el proceso de transporte del fármaco desde su lugar de absorción hasta el órgano diana.

19. d) Todas son correctas.

20. a) La eliminación urinaria se realiza a favor de los siguientes mecanismos: filtración glomerular, secreción tubular y reabsorción tubular.

Pautas de administración de medicamentos. Dosificación de los fármacos: tipos de dosis, relación dosis-efecto, factores que intervienen en la dosificación. Contraindicaciones. Interacciones farmacológicas. Reacciones adversas de los medicamentos. Tarjeta amarilla. Alertas farmacéuticas

1. ¿Qué unidad de medida se utiliza habitualmente para expresar la dosis de los principios activos en formas farmacéuticas sólidas?

a) Mililitros.
b) Miligramos o microgramos.
c) Unidades internacionales exclusivamente.
d) Equivalentes químicos.

2. La dosis habitual de un medicamento está calculada para un adulto con un peso corporal de:

a) 50 kg.
b) 60 kg.
c) 70 kg.
d) 80 kg.

3. ¿Por qué motivo los niños suelen requerir dosis menores de medicamentos en comparación con adultos?

a) Por mayor absorción intestinal.
b) Por inmadurez de sistemas enzimáticos y función renal.
c) Porque poseen más tejido graso.
d) Porque su biodisponibilidad oral es siempre menor.

4. En ancianos, la dosificación de fármacos debe reducirse porque:

a) La eliminación renal y el metabolismo hepático suelen estar reducidos.
b) La absorción intestinal aumenta significativamente.

c) El volumen de distribución disminuye en todos los fármacos.
d) Tienen mayor biodisponibilidad por vía oral.

5. ¿Qué factor explica que las mujeres precisen dosis algo menores de barbitúricos en comparación con los hombres?

a) Menor superficie corporal.
b) Menor biodisponibilidad oral.
c) Mayor proporción de tejido adiposo y menor capacidad metabólica.
d) Mayor excreción renal.

6. ¿Qué término se utiliza para definir una reacción nociva producida por un medicamento administrado a dosis terapéuticas habituales?

a) Intoxicación.
b) Sobredosis.
c) Reacción adversa a medicamento (RAM).
d) Efecto colateral.

7. ¿Cuál de los siguientes ejemplos corresponde a un efecto colateral?

a) Hipoglucemia grave por insulina.
b) Sequedad de boca por anticolinérgicos.
c) Reacción anafiláctica por penicilina.
d) Estreñimiento por abuso de opiáceos.

8. ¿Qué característica diferencia las reacciones adversas tipo A (augmented) de las tipo B (bizarre)?

a) Las tipo A son imprevisibles y las tipo B previsibles.
b) Las tipo A son mortales y las tipo B leves.
c) Las tipo A se relacionan con la dosis y las tipo B no guardan relación dosis-respuesta.
d) Las tipo A dependen de la vía de administración y las tipo B no.

9. La idiosincrasia como reacción adversa tipo B se caracteriza por:

a) Aparecer solo en tratamientos prolongados.
b) Depender de una deficiencia enzimática o anomalía genética.
c) Estar asociada a dosis altas de fármaco.
d) Ser una reacción inmunológica mediada por anticuerpos.

10. ¿Qué tipo de reacción adversa corresponde al "efecto rebote" tras suspender un tratamiento?

a) Tipo C.
b) Tipo D.

c) Tipo E.
d) Tipo B.

11. ¿Qué se entiende por reacción adversa grave según la legislación?

a) Aquella que siempre provoca un efecto colateral leve.
b) La que requiere ajuste de dosis pero no hospitalización.
c) La que pone en peligro la vida, causa discapacidad o requiere hospitalización.
d) La que siempre depende de la dosis administrada.

12. ¿Qué diferencia principal presenta una reacción adversa inesperada frente a una prevista?

a) Se produce en todos los pacientes expuestos.
b) No aparece en la ficha técnica del medicamento.
c) Se relaciona con dosis altas exclusivamente.
d) Solo ocurre en tratamientos prolongados.

13. ¿Cuál de las siguientes opciones describe mejor una reacción adversa tipo C (continuous)?

a) Anafilaxia inmediata tras penicilina.
b) Efecto colateral previsible como la sequedad bucal.
c) Tolerancia o dependencia tras uso prolongado de un fármaco.
d) Reacción anómala por déficit enzimático.

14. ¿Qué tipo de RAM se asocia con aparición tardía y efectos a largo plazo, como carcinogénesis o teratogénesis?

a) Tipo A.
b) Tipo D.
c) Tipo E.
d) Tipo B.

15. ¿Qué ocurre en una reacción de hipersensibilidad tipo I?

a) Liberación inmediata de histamina mediada por IgE.
b) Anticuerpos IgG atacan células sanguíneas.
c) Formación de inmunocomplejos circulantes.
d) Respuesta mediada por linfocitos T retardada.

16. ¿Cuál de las siguientes RAM es típica de hipersensibilidad tipo II (citotóxica)?

a) Anafilaxia.
b) Agranulocitosis inducida por medicamentos.

c) Dermatitis por contacto.
d) Tolerancia a opioides.

17. ¿Qué tipo de hipersensibilidad está mediada por inmunocomplejos circulantes que se depositan en vasos?

a) Tipo I.
b) Tipo II.
c) Tipo III.
d) Tipo IV.

18. ¿Qué reacción adversa corresponde a una dermatitis de contacto por un fármaco tópico?

a) Hipersensibilidad tipo I.
b) Hipersensibilidad tipo II.
c) Hipersensibilidad tipo III.
d) Hipersensibilidad tipo IV.

19. ¿Qué diferencia fundamental existe entre una reacción alérgica y una pseudoalérgica (anafilactoide)?

a) La alérgica requiere sensibilización previa, la pseudoalérgica no.
b) La alérgica nunca implica histamina, la pseudoalérgica sí.
c) La pseudoalérgica es siempre mortal, la alérgica no.
d) La pseudoalérgica depende exclusivamente de la dosis.

20. ¿Cuál de las siguientes afirmaciones sobre las reacciones adversas dependientes de la dosis es correcta?

a) Se producen siempre por alergia.
b) Incluyen sobredosificación absoluta o relativa.
c) Nunca se relacionan con el estado fisiopatológico del paciente.
d) No afectan a la concentración plasmática del fármaco.

En MADTEST tienes **más preguntas de este tema**, y todos tus avances quedan registrados y se reflejan en el ranking.

¡Supera tus límites con MADTEST!

Solución al test n.º 16

1. b) Miligramos o microgramos.

2. c) 70 kg.

3. b) Por inmadurez de sistemas enzimáticos y función renal.

4. a) La eliminación renal y el metabolismo hepático suelen estar reducidos.

5. c) Mayor proporción de tejido adiposo y menor capacidad metabólica.

6. c) Reacción adversa a medicamento (RAM).

7. b) Sequedad de boca por anticolinérgicos.

8. c) Las tipo A se relacionan con la dosis y las tipo B no guardan relación dosis-respuesta.

9. b) Depender de una deficiencia enzimática o anomalía genética.

10. c) Tipo E.

11. c) La que pone en peligro la vida, causa discapacidad o requiere hospitalización.

12. b) No aparece en la ficha técnica del medicamento.

13. c) Tolerancia o dependencia tras uso prolongado de un fármaco.

14. b) Tipo D.

15. b) Liberación inmediata de histamina mediada por IgE.

16. b) Agranulocitosis inducida por medicamentos.

17. c) Tipo III.

18. d) Hipersensibilidad tipo IV.

19. a) La alérgica requiere sensibilización previa, la pseudoalérgica no.

20. b) Incluyen sobredosificación absoluta o relativa.

TEST N.º 17

Acondicionamiento de los medicamentos: conceptos generales. Material de acondicionamiento. Siglas y símbolos del acondicionamiento. Control de calidad del material de acondicionamiento. Legislación sobre material de acondicionamiento

1. El material de acondicionamiento (señala la incorrecta):

a) Es cualquier material autorizado debidamente que se emplea en el acondicionamiento de medicamentos.

b) Es cualquier material autorizado debidamente que se emplea en el acondicionamiento de medicamentos incluido el embalaje utilizado para su transporte.

c) Tiene como función la protección frente a agentes externos.

d) Es cualquier material autorizado debidamente que se emplea en el acondicionamiento de medicamentos, excluido el embalaje utilizado para envío.

2. Señala cuál no es un requisito del acondicionamiento primario:

a) Tener resistencia mecánica.

b) Asegurar la identidad, la estabilidad, la potencia y la calidad del preparado.

c) No interaccionar de ninguna forma con el medicamento, ni cediendo componentes ni modificando las características del mismo.

d) No se ha de producir ni absorción ni adsorción del preparado sobre el mismo.

3. El envase o cualquier forma de acondicionamiento que se encuentra en contacto directo con el medicamento se llama:

a) Acondicionamiento secundario.

b) Etiquetado.

c) Prospecto.

d) Acondicionamiento primario.

4. Un recipiente o envase que contiene cantidad suficiente de producto para dos o más dosis es denominado:

a) Recipiente unidosis.
b) Recipiente multidosis.
c) Vial.
d) Blíster.

5. Un blíster es:

a) Acondicionamiento primario.
b) Embalaje.
c) Acondicionamiento secundario.
d) Material protector.

6. Los recipientes de capacidad variable, elaborados con vidrio, cuyo cerrado se realiza con un tapón de material elastomérico y sellado por una cápsula de aluminio o aluminio plástico se denominan:

a) Ampollas.
b) Vial.
c) Blíster.
d) Jeringa precargadas.

7. ¿Cómo se denomina el recipiente de pequeño volumen, elaborado con vidrio, donde el cerrado se efectúa después del llenado mediante difusión?

a) Ampolla.
b) Vial.
c) Blíster.
d) Cartucho.

8. Los comprimidos, grageas o cápsulas se acondicionan en envases de tipo:

a) Lamina.
b) Sellado.
c) Blíster.
d) Sobre.

9. Respecto al vidrio utilizado en farmacia, señala cuál es una ventaja de utilización:

a) Inercia química.
b) No presenta migraciones.
c) Es totalmente reciclable.
d) Todas son correctas.

10. No es un inconveniente de utilizar el vidrio como acondicionamiento primario:

a) Gran fragilidad.
b) Es caro.

c) Elevada resistencia hidrolítica.
d) Se agrieta con facilidad.

11. Señala cuál No es un requisito que debe cumplir el vidrio:

a) Capacidad de aislar la preparación farmacéutica que contiene en su interior agentes externos como el aire, la humedad o las radiaciones luminosas.
b) Elevada resistencia hidrolítica en un amplio intervalo de temperatura.
c) Heterogéneo y con propiedades de fusión adecuadas que le permitan evitar roturas a causa de tensiones superficiales.
d) Elevada resistencia mecánica, para soportar pequeños golpes que pueda sufrir durante su manipulación.

12. Es una ventaja de la utilización del plástico:

a) Gran versatilidad, lo que permite transformarlos obteniendo gran variedad de recipientes.
b) Pueden ser muy flexibles o muy rígidos.
c) Bajo peso molecular.
d) Todas son correctas

13. ¿Qué inconveniente presenta el plástico como acondicionamiento primario?

a) Permeabilidad a gases y vapores que aumentan de manera directamente proporcional con la temperatura.
b) Presenta fenómenos de adsorción y adsorción de sustancias.
c) Cede sustancias propias con facilidad.
d) Todas son correctas.

14. ¿Qué material es termoplástico, blanquecino y de transparente a translúcido, y frecuentemente fabricado en finas láminas transparentes?

a) Polipropileno.
b) Polietileno.
c) Cloruro de polivinilo.
d) Poliestireno.

15. ¿Cómo se denomina al plástico muy duro y resistente, que es opaco y con gran resistencia al calor pues se ablanda a una temperatura más elevada de los 150 ºC?

a) Polipropileno.
b) Polietileno.
c) Cloruro de polivinilo.
d) Poliestirenol.

16. ¿Qué material plástico deriva del petróleo y entre sus características destacan su excelente estética, brillo y transparencia, gran resistencia mecánica a la compresión y a las caídas, buenas propiedades barrera y de compatibilidad farmacológica y perfecta estanqueidad de aromas?

a) Polipropileno.
b) Polietileno.

c) Polietilentereftalato.
d) Poliestirenol.

17. ¿Qué material de acondicionamiento se emplea como constituyentes de cierres para la obturación de envases de uso farmacéutico?

a) Policarbonato.
b) Elastómeros.
c) Reforzadores mecánicos.
d) Poliamidas.

18. ¿Qué material se emplea para la fabricación de objetos de aplicación médico-farmacéutica, por sus buenas cualidades de resistencia mecánica, transparencia, facultad de esterilización térmica?

a) Teflón.
b) Poliamidas.
c) Policarbonato.
d) PTEE.

19. ¿Qué tipo de aditivos se añaden a los elastoméros para facilitar su producción o modificar sus características?

a) Aceleradores.
b) Activadores.
c) Antioxidantes.
d) Cualquiera de ellos se pueden añadir.

20. ¿Qué tipo de metales se emplean para la fabricación de envases de medicamentos?

a) Aluminio.
b) Plomo.
c) Estaño.
d) Todas son correctas.

En MADTEST tienes **más preguntas de este tema**, y todos tus avances quedan registrados y se reflejan en el ranking.

¡Supera tus límites con MADTEST!

Solución al test n.º 17

1. b) Es cualquier material autorizado debidamente que se emplea en el acondicionamiento de medicamentos incluido el embalaje utilizado para su transporte.

2. a) Tener resistencia mecánica.

3. d) Acondicionamiento primario.

4. b) Recipiente multidosis.

5. a) Acondicionamiento primario.

6. b) Viales.

7. a) Ampolla.

8. c) Blíster.

9. d) Todas son correctas.

10. c) Elevada resistencia hidrolítica.

11. c) Heterogéneo y con propiedades de fusión adecuadas que le permitan evitar roturas a causa de tensiones superficiales.

12. d) Todas son correctas.

13. d) Todas son correctas.

14. b) Polietileno.

15. a) Polipropileno.

16. c) Polietilentereftalato.

17. b) Elastómeros.

18. b) Poliamidas.

19. d) Cualquiera de ellos se pueden añadir.

20. d) Todas son correctas.

Nutrición parenteral. Tipos. Técnicas de elaboración. Componentes de la n.p. Material para la elaboración. Condiciones de conservación. Funciones de técnico en la elaboración de la n.p.

1. La nutrición artificial comprende:

a) La nutrición enteral.
b) La nutrición parenteral.
c) La nutrición mixta.
d) Todas son correctas.

2. Las guías de las sociedades más importantes coindicen en que deben recibir soporte nutricional especializado:

a) Los pacientes que no consumen > 60 % de sus requerimientos.
b) Durante 7-14 días los pacientes en desnutrición previa.
c) Durante 21 días en pacientes con situación crítica.
d) Será de elección la NP porque tiene menos complicaciones.

3. Al aporte de nutrientes mediante infusión en vía venosa a través de catéteres específicos para cubrir los requerimientos metabólicos y del crecimiento se denomina:

a) Nutrición parenteral.
b) Nutrición oral.
c) Nutrición enteral.
d) Nutrición normal.

4. La nutrición parenteral:

a) Está indicada para prevenir o corregir los efectos adversos de la desnutrición en pacientes que no son capaces de obtener aportes suficientes por vía oral o enteral.
b) Está indicada en aquellos pacientes que tengan una función intestinal adecuada.
c) Se puede administrar mediante catéter o sonda.
d) Todas son correctas.

5. El aporte de nutrientes por vía parenteral presenta una serie de características:

a) Aporta nutrientes directamente al torrente sanguíneo, sin el proceso digestivo pero con filtro hepático.
b) Se utiliza en pacientes con alteración de los mecanismos de regulación del medio interno.
c) No suele producir infecciones.
d) Ninguna es correcta.

6. La nutrición parenteral está indicada en:

a) Pancreatitis aguda grave.
b) Uveítis.
c) Bronquiolitis.
d) Fractura de cadera.

7. La elección de la vía central o periférica para la administración de la NP, ¿de qué depende?

a) De la duración prevista.
b) De los accesos venosos disponibles.
c) De la experiencia de cada centro.
d) Todas son correctas.

8. Cuando la osmolaridad de la mezcla es superior a los 900 mOsm/l habrá que infundir la nutrición parenteral en:

a) Una vía central (subclavia).
b) Una vía periférica.
c) Una extremidad.
d) Ninguna de las respuestas anteriores es correcta.

9. Los catéteres tunelizados tipo Hickman o Broviac o implantados se utilizan en:

a) Cuando se prevé que la duración de la nutrición a través de vía enteral sea superior a dos meses.
b) Cuando se prevé que la duración de la nutrición a través de vía parenteral sea superior a dos meses.
c) Cuando se prevé que la duración de la nutrición a través de vía parenteral sea inferior a dos meses.
d) Cuando se prevé que la duración de la nutrición a través de vía enteral sea inferior a dos meses.

10. ¿Qué tipo de vía se utiliza en la nutrición parenteral con concentraciones de baja osmolaridad?

a) Vía periférica.
b) Vía central.

c) Vía nasofaríngea.
d) Ninguna es correcta.

11. La nutrición parenteral central puede ser:

a) Continua.
b) Discontinua.
c) Cíclica.
d) Todas son correctas.

12. Entre las complicaciones mecánicas del catéter de la nutrición parenteral destaca:

a) Oclusión del catéter.
b) Neumotórax.
c) Embolia gaseosa.
d) Todas son correctas.

13. La fórmula de nutrición parenteral debe contener:

a) Solo vitaminas hidrosolubles.
b) Oligoelementos en función de la patología del paciente.
c) Hidrocarburos y lípidos que en el caso de prematuros serán: 30 – 40 kcal/kg de peso/día.
d) Aminoácidos que en el caso de recién nacidos serán: 1-1,5 g/kg de peso/día.

14. La fórmula de nutrición parenteral periférica proporciona al organismo:

a) Entre 900 y 1500 kcal.
b) Entre 900 y 1000 kcal.
c) Entre 700 y 1000 kcal.
d) Entre 600 y 1500 kcal.

15. La Nutrición parenteral periférica está indicada cuando:

a) La administración oral/enteral es imposible.
b) Está contraindicada una vía central.
c) Se usa como complementaria a la nutrición enteral.
d) Todas las respuestas anteriores son correctas.

16. La nutrición parenteral periférica puede ser:

a) Hipocalórica.
b) Hipercalórica.
c) Normocalórica.
d) Las respuestas a) y b) son correctas.

17. El metabolismo basal constituye:

a) El 10-20 % del gasto energético diario total.
b) El 60-75 % del gasto energético diario total.
c) El 30-40 % del gasto energético diario total.
d) El 40-60 % del gasto energético diario total.

18. Cantidad de energía necesaria para mantener los procesos vitales estando en reposo, después de 12 horas de ayuno y a una temperatura neutra:

a) Balance energético.
b) Valor energético.
c) Metabolismo Basal.
d) Metabolismo energético.

19. En relación con el sorbitol responda la respuesta correcta:

a) Es un polialcohol que se metaboliza en el hígado especialmente en situaciones de estrés.
b) Es un polialcohol que se transforma en fructosa a nivel hepático.
c) Se utiliza en preparados de nutrición parenteral periférica hipercalórica.
d) Es un polialcohol que se transforma en glucosa a nivel hepático.

20. Las bolsas que se utilizan en nutrición parenteral contienen entre:

a) 1500- 3500 ml de agua.
b) 500- 3000 ml de agua.
c) 2000- 3000 ml de agua.
d) 1000- 3000 ml de agua.

En MADTEST tienes **más preguntas de este tema**, y todos tus avances quedan registrados y se reflejan en el ranking.

¡Supera tus límites con MADTEST!

Solución al test n.º 18

1. d) Todas son correctas.

2. a) Los pacientes que no consumen > 60 % de sus requerimientos.

3. a) Nutrición parenteral.

4. a) Está indicada para prevenir o corregir los efectos adversos de la desnutrición en pacientes que no son capaces de obtener aportes suficientes por vía oral o enteral.

5. b) Se utiliza en pacientes con alteración de los mecanismos de regulación del medio interno.

6. a) Pancreatitis aguda grave.

7. d) Todas son correctas.

8. a) Una vía central (subclavia).

9. b) Cuando se prevé que la duración de la nutrición a través de vía parenteral sea superior a dos meses.

10. a) Vía periférica.

11. d) Todas son correctas.

12. d) Todas son correctas.

13. b) Oligoelementos en función de la patología del paciente.

14. a) Entre 900 y 1500 kcal.

15. d) Todas las respuestas anteriores son correctas.

16. d) Las respuestas a) y b) son correctas.

17. b) El 60-75 % del gasto energético diario total.

18. a) Metabolismo Basal.

19. b) Es un polialcohol que se transforma en fructosa a nivel hepático.

20. c) 2000- 3000 ml de agua.

Citotóxicos. Quimioterapia: definición y características. Cuidados en el manejo, transporte y manipulación. Características de la zona de preparación de citostáticos. Equipo de protección personal. Manipulación de citostáticos orales. Gestión de residuos citotóxicos

1. En todos los cánceres:

a) Las células se dividen y crecen sin control.

b) Las células tumorales portan mutaciones que no son reparadas y dan lugar a una estirpe de células "alteradas".

c) En todo proceso carcinogénico hay un agente iniciador que ocasiona el daño inicial en el ADN y la iniciación del proceso; un segundo paso de promoción inducido por un agente promotor (este agente puede ser congénito o adquirido) aprovecha la ventaja proliferativa otorgada en el primer paso y estimula las células a dividirse; por último, durante la progresión la célula adquiere nuevas mutaciones o cambios epigenéticos que le confieren propiedades invasivas y de metástasis.

d) Todas son correctas.

2. Los carcinoma derivan de:

a) Células epiteliales.

b) Células conjuntivales.

c) Células de la médula ósea.

d) Células del timo.

3. Los tumores se clasifican de diversas formas, así se clasifican según la célula que los originó en:

a) Adeno – proviene de grasa.

b) Hemangio- proviene de vaso sanguíneo.

c) Mio- proviene de hueso.

d) Todas son correctas.

4. Sobre la displasia se puede decir que se caracteriza por:

a) Proliferación celular excesiva sin pérdida de organización.
b) Suele ser reversible, pero puede sufrir una transformación carcinogénica.c) Es una transformación citológica de un epitelio maduro en otro, que puede tener un parentesco próximo o remoto
d) Suele ser respuesta adaptativa fisiológica frente al estrés celular y es reversible una vez cesa el estímulo agresor.

5. Los criterios para considerar una neoplasia como maligna no incluyen:

a) Afectación linfática.
b) Hipocromasia.
c) Nucléolo prominente.
d) Desmoplasia.

6. Señala la respuesta incorrecta:

a) Metaplasia: transformación citológica de un epitelio maduro en otro.
b) Hiperplasia: proliferación excesiva con pérdida de la organización normal de los tejidos y de la arquitectura celular.
c) Anaplasia: escasa diferenciación de las células que componen un tumor.
d) Neoplasia: proliferación descontrolada de células de un tejido u órgano que desemboca en la formación de una masa diferenciada denominada neoplasma.

7. Los citotóxicos poseen potencial:

a) Teratogénico.
b) Mutagénico.
c) Carcinogénico.
d) Todas son correctas.

8. Los citostáticos se clasifican según su mecanismo de acción y estructura en:

a) Antimetabolitos.
b) Productos de origen natural.
c) Agentes alquilantes.
d) Todas son ciertas.

9. Los antagonistas de pirimidinas son agentes citostáticos que pertenecen al grupo de los:

a) Agentes alquilantes.
b) Antimetabolitos.
c) Productos de origen natural.
d) Complejos de platino.

10. En referencia al metotrexato, indica lo incorrecto:

a) Es un antagonista de ácido fólico.
b) Se clasifica dentro de los antimetabolitos.
c) El trimetrexato no pertenece a su grupo.
d) Se utiliza en el cáncer de mama.

11. Las mostazas nitrogenadas son agentes citostáticos que pertenecen al grupo de los:

a) Agentes alquilante.
b) Antimetabolitos.
c) Complejos de platino.
d) Antibióticos citostáticos.

12. ¿Cuál es la utilidad clínica de los agentes alquilantes?

a) Cáncer de mama, cabeza, cuello, osteosarcoma, leucemias, linfomas, colorrectal, pulmón no microcítico, mesotelioma, páncreas, vejiga, ovario y más.
b) Tratamiento de leucemias crónicas, cáncer de pulmón, linfomas de Hodgkin y no Hodgkin, mieloma múltiple y cáncer de ovario.
c) Se usan sobre todo en el tratamiento de cáncer de pulmón, cáncer de vejiga, tumores germinales, cáncer de ovario, cáncer de cabeza y cuello, cáncer de esófago y cáncer de estómago y cérvix, entre otros.
d) Todas son correctas.

13. Respecto a los antimetabolitos:

a) Actúan a 3 niveles: añade grupos alquilo, forma puentes o enlaces covalentes e introducen nucleótidos produciendo mutaciones.
b) Forman enlaces covalentes con la guanina y la adenina del ADN.
c) Actúan durante múltiples fases del ciclo celular.
d) Inhiben la acción de las enzimas relacionadas con la síntesis de purinas y pirimidinas.

14. Los productos de origen natural alcaloide o inhibidores de microtúbulos:

a) Los taxanos son inhibidores de la polimerización.
b) Los taxanos (paclitaxel) impiden la despolimerización.
c) Los alcaloides de la vinca inhiben la despolimerización.
d) La estramustina inhibe la despolimerización.

15. ¿Qué tratamiento hormonal se puede utilizar?

a) Tratamiento adyuvante.
b) Tratamiento neoadyuvante.
c) Tratamiento quimioprofiláctico.
d) Todas son ciertas.

16. La quimioterapia que combina la radioterapia de efecto local y la quimioterapia de efecto sistémico se conoce como:

a) Quimioterapia concomitante.
b) Quimioterapia paliativa.
c) Quimioterapia adyuvante.
d) Quimioterapia neoadyuvante.

17. Dentro de los agentes alquilantes, la mecloretamina se incluye en el grupo de:

a) Triazenos.
b) Nitrosoureas.
c) Mostazas nitrogenadas.
d) Alquilsulfonatos.

18. Entre las ventajas de los citostáticos orales no se incluyen:

a) Reducción de costes para el sistema sanitario.
b) Comodidad de administración.
c) Posibles casos de incomprensión del tratamiento.
d) Menos trastornos en la vida del paciente.

19. Los alcaloides de la vinca:

a) Son agentes que se unen al microtúbulo e interfieren en la formación del huso alterando la división celular.
b) Son ejemplos de este grupo la vincristina, vinblastina,vinorelbina, estramustina.
c) Son vegetales.
d) Todas son correctas.

20. Indica cuál de las siguientes condiciones morfológicas diferentes se corresponde habitualmente con un tumor maligno:

a) Metaplasia.
b) Neoplasia.
c) Hiperplasia.
d) Anaplasia.

En MADTEST tienes **más preguntas de este tema**, y todos tus avances quedan registrados y se reflejan en el ranking.

¡Supera tus límites con MADTEST!

Solución al test n.º 19

1. a) Todas son correctas.

2. b) Células epiteliales.

3. a) Hemangio- proviene de vaso sanguíneo.

4. b) Suele ser reversible, pero puede sufrir una transformación carcinogénica.

5. b) Hipocromasia.

6. b) Hiperplasia: proliferación excesiva con pérdida de la organización normal de los tejidos y de la arquitectura celular.

7. d) Todas son correctas.

8. d) Todas son ciertas.

9. b) Antimetabolitos.

10. c) El trimetrexato no pertenece a su grupo.

11. a) Agentes alquilante.

12. b) Tratamiento de leucemias crónicas, cáncer de pulmón, linfomas de Hodgkin y no Hodgkin, mieloma múltiple y cáncer de ovario.

13. d) Inhiben la acción de las enzimas relacionadas con la síntesis de purinas y pirimidinas.

14. b) Los taxanos (paclitaxel) impiden la despolimerización.

15. d) Todas son ciertas.

16. a) Quimioterapia concomitante.

17. c) Mostazas nitrogenadas.

18. c) Posibles casos de incomprensión del tratamiento.

19. d) Todas son correctas.

20. d) Anaplasia.

TEST N.º 20

Servicio de Farmacia de onco-hematología y Hospital de día oncológico. Descripción. Sistemas de administración de citostáticos: material para administración por bomba de perfusión; infusores, descripción y funcionamiento

1. Señala la respuesta incorrecta. El Hospital de día es:

a) Una asistencia hospitalaria de régimen ambulatorio.
b) Un hospital donde el paciente puede recibir una atención especializada.
c) Un hospital que requiere ingreso hospitalario.
d) Un hospital donde el paciente puede recibir una atención técnicamente cualificada.

2. La estructura básica de los Hospitales de día en Oncología, no consta de:

a) Recepción y sala de esperas.
b) Consulta.
c) Sala de Radiología.
d) Zona de tratamientos con camas o sillones.

3. El servicio de farmacia hospitalaria de Oncohematología consiste en:

a) Definir las alternativas terapéuticas en el cáncer.
b) Tratamientos de soporte de estos pacientes.
c) Protocolos seguros de trabajo con medicamentos antineoplásicos.
d) Todas son correctas.

4. ¿En qué registro médico se encuentran los datos de la medicación (quimioterápicos) a administrar?

a) En la Hoja de Evolución médica.
b) En la Hoja de Órdenes médicas.

c) En el Informe de Alta.
d) En la Hoja de Control de Medicación.

5. Las órdenes médicas han de incluir:

a) Identificación del paciente, diagnóstico, peso corporal, tratamiento pormenorizado con la dosificación, vía y modo de administración, tratamientos acompañantes, fecha de iniciación y finalización del tratamiento.

b) Identificación del paciente, diagnóstico, peso corporal, tratamiento pormenorizado con la dosificación, vía y modo de administración, tratamientos acompañantes y fecha de iniciación del tratamiento.

c) Identificación del paciente, diagnóstico, peso corporal, tratamiento pormenorizado con la dosificación, vía y modo de administración y fecha de iniciación.

d) Identificación del paciente, diagnóstico, peso corporal, vía y modo de administración, tratamientos acompañantes, fecha de iniciación y finalización del tratamiento.

6. La administración de QT está a cargo del:

a) Personal de enfermería.
b) Personal farmacéutico.
c) Personal médico.
d) Ninguna respuesta anterior es correcta.

7. La principal vía de administración de citostáticos es:

a) Intravenosa.
b) Oral.
c) Intratecal.
d) Intraarterial.

8. Con referencia a la quimioterapia intraarterial, señala lo incorrecto:

a) Se realiza tras punción subcutánea en una arteria.
b) Se realiza a través de la instauración de un catéter.
c) El objetivo es realizar un tratamiento regional.
d) Se indica en el tratamiento de metástasis hepáticas por cáncer de colon mediante la administración de 5FU o floxuridina.

9. ¿En qué consiste la quimioterapia intratecal?

a) En la administración de Qt en espacio subarocnideo.
b) Es la administración de QT en espacio ventricular.
c) En la administración de Qt en espacio intratecal.
d) En la administración de QT en barrera hematoencefálica.

10. La quimioterapia intracavitaria se administra:

a) En cavidades o espacios como peritoneo, pleura, pericardio o vejiga.

b) En el espacio intratecal mediante punción lumbar o reservorio intratecal.

c) No todos los fármacos permiten esta vía ya que son irritantes, y por lo tanto lesionarían los tejidos.

d) Se realiza a través de una arteria mediante punción de forma percutánea o por instauración de un catéter.

11. Las Unidades de Hospitalización de Día están identificadas por el código U65 en la clasificación establecida en:

a) Real Decreto 1388/2007.

b) Decreto 1467/2008.

c) Real Decreto 1277/2003.

d) Decreto 2345/2005.

12. Señala la respuesta incorrecta:

a) Los fármacos fotosensibles precisan ser resguardados de la luz y en infusiones largas se deberán utilizar equipos opacos.

b) Los taxanos no precisan de equipos de administración especial, como de baja absorción o libres de PVC.

c) Los equipos en forma de árbol para infusión de citostáticos permiten administrar el tratamiento con seguridad, de forma que no es posible el contacto personal con el fármaco.

d) Cuando se administra en bolo, se recomienda que la jeringa tenga conexión Luer-Lock.

13. La bomba de infusión es:

a) Un sistema que permite la administración por vía parenteral o enteral de fármacos mediante presión negativa.

b) Un sistema que permite la administración por vía parenteral o enteral de fármacos mediante presión positiva.

c) Un sistema para administrar medicamentos por vía intravenosa cuya fuerza de impulsión es la gravedad.

d) Un sistema para administrar medicamentos por vía intravenosa cuya fuerza de impulsión es una fuente de energía artificial que ejerce una presión negativa.

14. Las bombas peristálticas infunden el fluido:

a) Con ayuda de una leva giratoria.

b) Con infusor electrónico y una cámara de bombeo.

c) De forma continua.

d) Gracias a la acción de un émbolo de una jeringa.

15. Selecciona la respuesta correcta:

a) La administración de bolos es la administración de medicamentos mediante jeringa y directamente en el acceso venoso. Es utilizado cuando el medicamento necesita dilución.

b) La infusión continua se refiere a la administración de un medicamento, generalmente durante 24 horas, que permite mantener constante la concentración plasmática del medicamento, y normalmente se utiliza con medicamentos que no necesitan ser diluidos.

c) La infusión continua se refiere a la administración de un medicamento, generalmente durante 24 horas, que permite mantener constante la concentración plasmática del medicamento.

d) La infusión intermitente se recomienda para grandes volúmenes de medicamentos no diluidos.

16. Para una correcta administración de citostáticos:

a) En el primer tratamiento se valorarán las alergias del paciente.

b) En el primer tratamiento se valorará el entorno del paciente.

c) En tratamientos posteriores no es necesario evaluar los efectos secundarios del último tratamiento.

d) Las respuestas a) y b) son correctas.

17. Señala los principales tipos de catéteres que existen en la actualidad:

a) Catéteres venosos sistémicos y centrales.

b) Catéteres arteriales periféricos y sistémicos.

c) Catéteres venosos periféricos y catéteres centrales.

d) Todos son correctos.

18. El catéter tipo DRUM:

a) Es un catéter de inserción periférica central.

b) Es un catéter venoso periférico.

c) Es catéter central directo.

d) Es un catéter periférico directo.

19. El catéter tipo Hickman es de tipo:

a) Central periférico.

b) Central indirecto.

c) Central directo.

d) Venosos periférico.

20. Cuando la administración de QT se administra en bolo se recomienda que la jeringa tenga conexión:

a) Arrow.
b) Luer-lock.
c) Hickman.
d) Port.

Solución al test n.º 20

1. c) Un hospital que requiere ingreso hospitalario.

2. c) Sala de Radiología.

3. d) Todas son correctas.

4. b) En la Hoja de Órdenes médicas.

5. a) Identificación del paciente, diagnóstico, peso corporal, tratamiento pormenorizado con la dosificación, vía y modo de administración, tratamientos acompañantes, fecha de iniciación y finalización del tratamiento.

6. a) Personal de enfermería.

7. a) Intravenosa.

8. a) Se realiza tras punción subcutánea en una arteria.

9. c) En la administración de Qt en espacio intratecal.

10. a) En cavidades o espacios como peritoneo, pleura, pericardio o vejiga.

11. c) Real Decreto 1277/2003.

12. b) Los taxanos no precisan de equipos de administración especial, como de baja absorción o libres de PVC.

13. b) Un sistema que permite la administración por vía parenteral o enteral de fármacos mediante presión positiva.

14. a) Con ayuda de una leva giratoria.

15. c) La infusión continua se refiere a la administración de un medicamento, generalmente durante 24 horas, que permite mantener constante la concentración plasmática del medicamento.

16. d) Las respuestas a) y b) son correctas.

17. c) Catéteres venosos periféricos y catéteres centrales.

18. a) Es un catéter de inserción periférica central.

19. c) Central directo.

20. b) Luer-lock.

TEST N.º 21

Productos parafarmacéuticos: Productos sanitarios y biocidas de uso humano. Dermofarmacia. Preparados dietéticos. Clasificación, aplicaciones y características de los productos parafarmacéuticos. Regulación comunitaria de los productos sanitarios. Material de acondicionamiento de los productos sanitarios. Aplicaciones informáticas de bases de datos de parafarmacia

1. Los productos de parafarmacia:

a) Son llamados productos de libre adquisición.
b) Son aquellos productos que, sin ser propiamente medicamentos, se consumen, aplican y usan directamente por los usuarios para mejorar su calidad de vida.
c) Son productos que no son medicamentos.
d) Todas son correctas.

2. Uno de los siguientes es un producto de parafarmacia:

a) Biocidas.
b) Productos para nutrición enteral.
c) Productos de alimentación infantil.
d) Todos son productos de parafarmacia.

3. Los productos que son artículos y materiales que sirven para: diagnóstico, prevención, control, tratamiento o alivio de una enfermedad se denominan:

a) Productos de ortopedia.
b) Productos sanitarios.
c) Productos de farmacia.
d) Ninguna es correcta.

4. Los biocidas de uso humano son utilizados para:

a) Higiene humana.
b) Como repelentes.

c) Como insecticidas.
d) Todas son correctas.

5. Todos aquellos productos que, no siendo medicamentos, se consumen, aplican o utilizan sobre el cuerpo y se ponen a disposición de los usuarios se denominan:

a) Fármacos.
b) Productos de parafarmacia.
c) Fórmula magistral.
d) Medicamento genérico.

6. El Código Nacional que llevan los productos de farmacia es un número de:

a) 8 cifras.
b) 7 cifras.
c) 9 cifras.
d) 10 cifras.

7. El Código Nacional de Productos de parafarmacia está comprendido entre los números:

a) 200.000 y 499.999.
b) 150.000 y 399.999.
c) 100.000 y 299.999.
d) Ninguna es correcta.

8. El Catálogo de Parafarmacia del CGCOF:

a) Pertenece a la colección de la AEMPS.
b) Pertenece a la colección Consejo Plus.
c) Pertenece al Catálogo de Medicamentos.
d) Pertenece al BOT plus.

9. El BOT plus:

a) Es un programa informático.
b) Es un catálogo de medicamentos.
c) Es una colección de parafarmacia.
d) Es una monografía informática.

10. Un producto sanitario tiene como finalidad:

a) Diagnosticar, prevenir, controlar, tratar o aliviar una enfermedad.
b) Diagnosticar, controlar, tratar, aliviar o compensar una lesión física.
c) Regular la concepción.
d) Todas son correctas.

11. Los productos sanitarios son:

a) Cualquier instrumento, dispositivo, equipo, material u otro artículo utilizado solo o en combinación, incluidos los programas informáticos que intervengan en su buen funcionamiento, destinado por el fabricante para ser utilizados en seres humanos.
b) Utilizados para diagnosticar, prevenir, controlar, tratar o aliviar una enfermedad.
c) Utilizados para diagnosticar, controlar, tratar, aliviar o compensar una lesión o deficiencia.
d) Todas son correctas.

12. Los productos sanitarios según su riesgo se clasifican en:

a) Cuatro clases.
b) Tres clases.
c) Dos clases.
d) Cinco clases.

13. Son criterios que valoran el riesgo del producto sanitario:

a) El tiempo de contacto con el cuerpo.
b) La parte del cuerpo con la que se produce el contacto.
c) El grado de invasividad.
d) Todas son correctas.

14. Los productos que entran en el interior del cuerpo y permanecen durante un tiempo prolongado o quedan implantados pertenecen a las clases de riesgo:

a) I y II.
b) IIb y III.
c) III y IV.
d) IV.

15. Los productos destinados a un contacto superficial y poco duradero generalmente entran en la clase de riesgo más baja.

a) Clase I.
b) Clase II.
c) Clase III.
d) Clase IV.

16. Una sonda urológica pertenece a la clase:

a) I.
b) II.
c) IIa.
d) IIb.

17. En función del tiempo de contacto, los productos sanitarios se pueden considerar como:

a) De uso pasajero.
b) Uso a corto plazo.
c) De uso prolongado.
d) Todas son correctas.

18. Las lentes intraoculares, ¿a qué clasificación de productos sanitarios pertenecen según el riesgo?

a) Clase III.
b) Clase IIb.
c) Clase I.
d) Clase IV.

19. Se considera producto sanitario de uso prolongado el destinado normalmente a utilizarse de forma continua durante un periodo de:

a) Entre 5 y 10 días.
b) Entre 10 y 20 días.
c) Menos de 30 días.
d) Más de 30 días.

20. Las bolsas de sangre son de la clase:

a) I.
b) II.
c) IIb.
d) III.

En MADTEST tienes **más preguntas de este tema**, y todos tus avances quedan registrados y se reflejan en el ranking.

¡Supera tus límites con MADTEST!

Solución al test n.º 21

1. d) Todas son correctas.

2. d) Todos son productos de parafarmacia.

3. b) Productos sanitarios.

4. d) Todas son correctas.

5. b) Productos de parafarmacia.

6. b) 7 cifras.

7. b) 150.000 y 399.999.

8. b) Pertenece a la colección Consejo Plus.

9. a) Es un programa informático.

10. d) Todas son correctas.

11. d) Todas son correctas.

12. a) Cuatro clases.

13. d) Todas son correctas.

14. b) IIb y III.

15. a) Clase I.

16. c) IIa.

17. d) Todas son correctas.

18. b) Clase IIb.

19. d) Más de 30 días.

20. c) IIb.

Cómo acceder al Curso

Técnico/a Auxiliar de Farmacia
Test de temario

El uso de los códigos **es exclusivo de los compradores de los productos de Editorial MAD**. Cada producto posee un código único y de un solo uso. Es personal e intransferible y da acceso a servicios y contenidos adicionales. Editorial MAD se reserva el derecho de hacer cuantas comprobaciones sean necesarias para identificar al legítimo poseedor del código y dejar de dar servicio a quien haga uso fraudulento del mismo, además de emprender cuantas acciones legales estime oportunas según la legislación vigente.

Deberás acceder a:

mad.es/registro-campus

Si una vez aceptadas las condiciones de uso del Campus decides hacer uso del mismo, necesitarás del siguiente código de acceso junto con los códigos del resto de títulos que se exigen (si fuera el caso):

TV37E4LRSY